週40時間の自由をつくる

超時間術

メンタリストDaiGo

実務教育出版

やることは多いのに、とにかく時間が足りない。
そんなあなたの時間を奪わないために、前書きはあえて書きません。

1秒でも早く、本書を読み、
あなたの最大の資産である時間を有効活用する方法を手に入れてください。

メンタリストＤａｉＧｏ

勘違い2

やるべきことが多すぎる

勘違い3

忙しい人は仕事ができる

第2章

時間感覚を正す7つのフィックス

フィックス2

時間汚染を防げ！ 78

フィックス3

呼吸を変える 90

第4章 職場の「時間汚染」に打ち勝つ働き方

第5章 自分の時間を取り戻す8週間プログラム

編集協力	鈴木祐
装幀	重原隆
本文デザイン	吉村朋子
イラスト・図版	神林美生
DTP	株式会社キャップス
カバー撮影	佐々木宏幸
ヘアメイク	永瀬多壱（Vanités）
スタイリング	松野宗和
衣装協力	麻布テーラー（電話03-3401-5788）

第1章

時間にまつわる3つの勘違い

「忙しい」「時間がない」が口癖の人は多いでしょう。

いつも時間ギリギリで行動し、そのせいでミスが多発。おかげで仕事はうまくいかず、プライベートの時間もなくなってしまう……。

誰もが一度は経験する悩みです。

そんなとき、「時間術」に関する本の多くは、スケジュールの改善や、ＴｏＤｏリストの利用、細かい締め切りの設定といった対策を提示します。確かに、どの方法でも、実践さえすればそこそこの効果はあるでしょう。

しかし、本書ではそのようなアプローチからは入りません。というのも、まずはあなたに時間が足りない「本当の理由」を理解しておかない限り、どれだけ小手先の時間術を使ってもムダだからです。

それでは、現代人が時間不足に悩む「本当の理由」とはなんでしょうか？

その答えを明かす前に、まずは、あなたが時間に対して抱きがちな３つの勘違いを押さえておきましょう。

勘違い1
物理的な時間がない
「何をするにも時間が足りない」はウソ

勘違い2
やるべきことが多い
本当に問題なのは作業量よりも生産性

勘違い3
忙しい人は仕事ができる
労働時間が多い人ほど実は働いていない

どれも現代のビジネスマンには定番のフレーズですが、実はすべて大間違い。「本当に仕事が多くて……」「自分は時間の管理がヘタだから」などと感じている人は、まず自分の勘違いを認識するところから始めてください。

科学的に正しい原因と方法論さえわかれば、どれだけ忙しい人でも、時間を使いこなす達人に生まれ変われます。それこそが、小手先のテクニックではない「ホンモノの時間術」なのです。

勘違い

1

物理的な時間がない

「何をするにも時間が足りない」はウソ

日本人の労働時間は減り続けている

時間について一番ありがちなのが、「私は物理的に時間がないのだ」という勘違いです。そのせいで**「いつも時間が足りない」「本当にやりたいことをやれない」などと感じてしまい、心に余裕が持てません。**

とはいえ、いきなり「時間がないのは勘違いだ」と言われても、すぐに納得できる人は少ないでしょう。いまの世の中では時間不足が当たり前になりすぎていて、たいていの人は疑う気持ちすら起きないはずです。

［ 年間労働時間（2016年）］

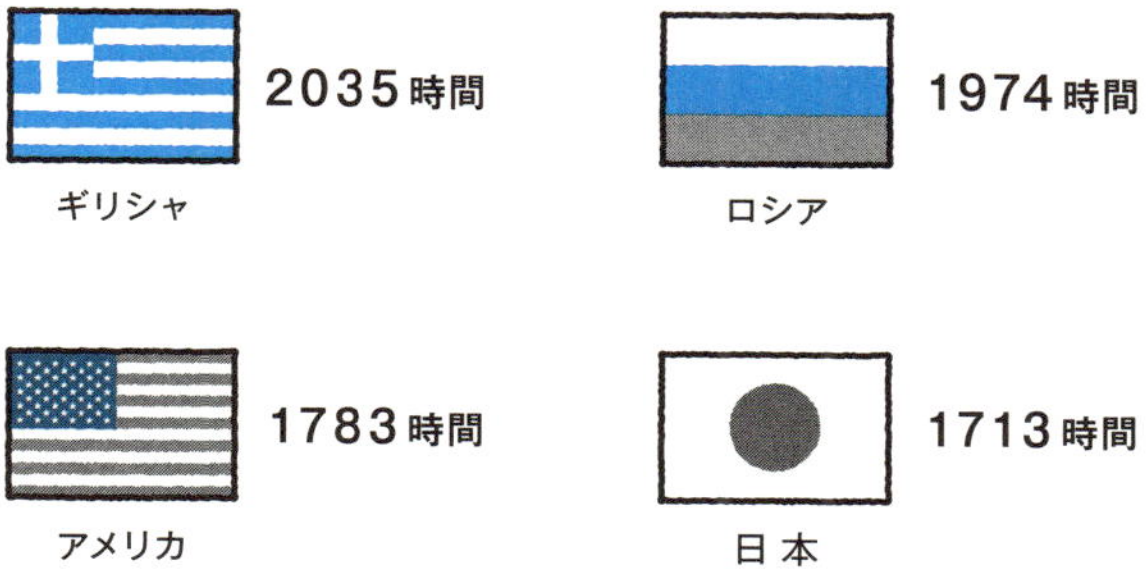

が、**実際には、あなたは十分な時間を持っています**。多くのデータがその事実を示しているのです。

たとえば、ＯＥＣＤが発表した「労働時間の推移」に関するデータを見ると、１９７０年代の日本人は平均で年に２２００時間ほど働いていました。ところが２０１６年の時点ではこの数字が１７１３時間まで下がり、アメリカやロシア、ギリシャなどの労働時間よりも少なくなっています。

その理由はさまざまでしょう。法律の改正や働き方の変化などいろいろな要素が考えられますし、なかには、いまだに月１００時間以上の残業が当たり前の会社もあります。しかし大きく見れば、世間的に言われるほど、目立って現代人の時間がなくなったわけではなさそうです。

それでは、仕事の時間が減った分だけ、いまの人は余った時間を楽しんでいるのでしょうか？

データを見ると、ここで不思議なことがわかります。現代人は昔の人より働いていないにも関わらず、趣味、娯楽、レジャーなどに使う時間は減っているのです。

総務省が出した「社会生活基本調査」によれば、１９７６年の頃は多くの人が週当たり１０４～１１１時間の余暇を持っていましたが、２００６年にはおよそ１０５時間まで低下。毎日の楽しみに使うための時間は、今もジリジリと減り続けています。果たして、消えた時間はどこへ行ったのでしょうか？

現代人は週に40時間を余らせている

働く時間は減ったはずなのに遊ぶ余裕がない……。

なんとも不思議な話ですが、この現象は日本だけのものではありません。**実はアメリカでも似たような事態が起きています。**

著名な社会学者であるジョン・ロビンソン博士は、「アメリカ人はどのように時間を使っているのか?」を数十年にわたって記録し続けた結果、おもしろい傾向を発見しました。いまのアメリカ人の多くは、自分のことを「忙しすぎて時間がない!」と考えているのに、実際に働いている時間は想像よりも少なかったのです。

具体的には、こんな数字が出ています。

- **多くのアメリカ人は、「自分は週に60~64時間は働いているはずだ」と答えた**
- **実際に計測した1週間の労働時間は、平均44・2時間だった**

なんと大半の回答は、実際の労働時間に対し**20時間もの誤差**がありました。博士の分析によれば、「自分は他人よりも働いている」と答えた人ほど、さらに誤差が大きくなる傾向があったそうです。

これはアメリカのデータですが、ロビンソン博士は他の国でも同じような調査を行なった結果、こう言っています。

「アメリカだけではなく、**世界中の人が実際に仕事に使っている時間の合計は、過去40年間でまったく増えていないどころか少なくなっている。**これは、行動記録を使った研究で明らかになった事実だ。**しかし、『あなたたちは、実は毎週30～40時間の自由な時間を余らせているんですよ』と言っても、決して信じてはくれないだろう**」

現代人の「時間不足」は、あくまでも勘違いだというわけです。

言われてみれば、「時間がない！」と思っていたはずなのに、緊急で入ってきた用事は何故かこなせてしまったという経験は誰にでもあるでしょう。

・急にトイレが壊れて水があふれた！
・転んで指の骨を折った！
・ずっと気になっていた人から「会いたい」と連絡がきた！

そんな状況になれば、どんなに忙しかろうが、どうにか時間を作って修理業者を呼ぶか、病院に駆け込むか、デートの場所に走り出すはず。やはり、あなたの時間は余っているのです。

まずは「自分は思ったよりも忙しくない」事実を認めるべし

このような人間の性質を利用した「時間術」に、**「細かい締め切りを設定する」というテクニック**があります。「この作業は15分でやる」「3時までに企画書を書く」などのように、あらかじめ小さなブロックで時間を区切っていく手法です。

こうすると私たちの中には焦《あせ》りが生まれ、一時的に高い成果を上げられます。締め切りによって架空の緊急事態を作り出したおかげで、本当は余っていた時間を有効に使うことができたわけです。

もちろん、これはこれで効果的なテクニックなのですが、**2つの問題**があります。

1つ目は、**設定したデッドラインが、あくまで「架空の緊急事態」でしかない点**。そのせいで頭の隅にはいつも「この締め切りは本当は守らなくてもいいのだ」といった思考がこびりつき、ジワジワとモチベーションが下がっていきます。

ここで、もし決めたとおりに作業が終わらなかった場合、事態はさらに悪いことになります。私たちの脳が「締め切りは破ってもいいのだ」という事実を学習し、どんどん締め切りの効果が薄れていくからです。

2つ目の問題は、**「細かい締め切り」というテクニックが、不安や焦りといった、人間のネガティブな感情を利用している点**です。

それが必ずしも悪いわけではありませんが、ネガティブな感情には、交感神経を刺激して体のストレス反応を引き出す作用があります。これは、一時的に集中力を高めてくれるものの、**長く使うと少しずつダメージが蓄積されていき、やがて体を壊す原因**になってしまいます。なによりも、いつも締め切りの焦りに追われながら作業をするのは楽しくないでしょう。

○「忙しい」の口癖をきっぱりと止めよう！

この問題を解決する簡単な方法は、**「忙しい」と言うのを完全に止めてしまうこと**です。

「忙しい」と言うと意識は未来や過去に向かい、
集中できなくなる

「そんなことでいいの？」と思われるかもしれませんが、あなたが毎日使う言葉は、想像以上に大きなインパクトがあります。

ポーランドのワルシャワ大学が行なった研究によれば、**「忙しい」と口に出すたびに、あなたの意識は未来や過去に向かい、そのせいで目の前の本当にやるべきことに集中できなくなる**とのことです。

こうなると予定した作業はどんどん遅れてしまい、**本当は余っていたはずの時間が無意味に浪費される**わけです。

言われてみれば、現代のライフスタイルでは、「現在」に集中できないケースがよくあります。

口では「忙しい忙しい」と言いながらも、頭は明日のプレゼンのことでいっぱい。その一方でスマホの通知に届いたニュースをチェックしながら、なかなか青にならない信号にイライラしてみたり……。

いつも未来や過去への心配ばっかりしていて、よく考えてみたら、1日のうちで「現在」に集中できた時間が30分もなかった、という人も多いのではないでしょうか？

そこで、ワルシャワ大学の研究チームは、「忙しい」の代わりに「活動的だ」や「活発的だ」などの言葉を使うように提案しています。とてもシンプルなテクニックですが、学生を対象にしたある実験でも、「忙しい」を使うのを止めた被験者は、3カ月後の成績が大きくアップしたそうです。

もっとも、「忙しいと言わない」のは、あくまで真の「時間術」をマスターするための第一歩でしかありません。さらに正しく時間を使うには、**あなたが「時間がない」と感じる本当の原因を理解したうえで、「週に30～40時間も余った自由時間」を有効に使うのがベスト**です。

そのための具体的なトレーニング法は、第2章からくわしくお伝えしていきます。いま時間に追われている人は、ぜひ参考にしてください。

まとめ

「時間がない」と感じるのはあなたの勘違い。まずは「忙しい」と言うのを完全に止めてしまおう。

勘違い 2

やるべきことが多すぎる

本当に問題なのは作業量よりも生産性

やることが多いのは自分の招いた災害

時間にまつわる2つ目の勘違いは、「やるべきことが多すぎる」というものです。プレゼン用の資料作成、上司との面談、メールの返信、頼まれた風呂掃除……。ToDoリストにずらっと並んだタスクを見て、「やるべきことが多すぎて何もやる気が起きない！」といった気分になってしまうのはよくある話です。

しかし、これも大いなる勘違い。現代人の大半は、本当はやりたいことをやれるだけの時間を持っています。そもそも、現代人が昔よりも自由な時間を余らせているのは、先にもお伝えしたとおりです。

ところが、アメリカの有名な求人企業が行なった調査によれば、**およそ3分の2のビジネスマンが、1日に平均1時間は仕事と無関係な作業をしている**ことが明らかになりました。消えた時間の大半は、SNSやYouTubeのチェック、Amazonの検索などに費やされていたそうです。

これはアメリカの調査ですが、日本でも現状は似たようなものでしょう。本当の時間を満足に使っていないのに、やるべきことの多さを嘆くのはおかしな話です。

それでも、たくさんの人が「やるべきことが多すぎる」と感じている理由は簡単。「やることが多い」と思ったほうが、手軽に安心感を得られるからです。

一例としては、ハーバードビジネスクールが、あるコールセンターの研修生を2つのグループに分けて実験を行なっています。

グループ1：時間いっぱいたくさんの研修を受ける
グループ2：途中まで研修を受けたら、最後の15分は頭の中で研修を振り返る

その後で参加者に感想を尋ねたところ、おもしろい違いが現れました。研修のすぐ後には、時間ギリギリまで作業をしたグループのほうが「モチベーションが高まった」「仕事が進みそう」などと答える割合が多かったのに、1カ月後に再び調査をしたところ、**実際の仕事の効率は、「15分の振り返り」をしたグループのほうが23%もよかった**のです。

もともと人間は、「退屈」を死ぬほど嫌う生き物です。

アメリカで行なわれたある実験では、何もない部屋に入れられた被験者に、15分だけただ座っているように指示を出しました。すると、ほとんどの被験者は少しの退屈にすら耐えきれなくなり、研究者が用意した電気ショックマシンを使って、自らの体に電流を流し始めたそうです。

このように、私たちは「やるべきこと」があればあるほど退屈をまぎらわすことができ、大きな安心感を抱きます。つまり、「やるべきことが多すぎる」という問題は、実はあなた自身が招いた災害かもしれないのです。

大事なのは作業量よりも生産性

この実験でもうひとつ大事なのは、**やるべきことが多いほど、実は生産性が下がってしまう**ことを明らかにした点です。当然ですが、仕事で大事なのは、作業の量よりもどれだけの成果を出したかでしょう。生産性が上がらないのに作業量だけ増やすのは、まさに時間のムダと言えます。

実際、世界には、最小限の作業で大きな成果をあげている人物が多くいます。

フェイスブックのＣＥＯである**マーク・ザッカーバーグは、週当たりの労働時間が50～60時間**だと公言し、それ以外の時間は本を読んだり中国語の勉強をしながら過ごしています。決して少ない労働時間ではありませんが、世界に冠たる大企業のトップとしては、かなり優良なワークライフバランスです。

過去にさかのぼれば、進化論を生み出したチャールズ・ダーウィンなどは、1日に4時間半しか働かない暮らしで有名でした。朝8時に起きたら、1時間の休憩と昼寝をはさみながら、17時半まで作業をするのが常だったそうです。現代だったら「サボっている」と言われそうな労働時間です。

どんな人でも作業量が多いと生産性は下がる

こう言うと、皆さんは「私はザッカーバーグやダーウィンのような天才とは違うから」と思われるかもしれません。

しかし、これも大きな勘違いのひとつ。どんなに普通の人でも、「やることが少ない」ほど生産性が高いことが、たくさんの研究でわかっています。

たとえば、科学者を対象にした研究では、労働量と生産性の関係を調べたところ、次のような事実が浮かび上がりました。

- **週25時間分の作業をこなす人は、週5時間分の作業をこなす人の生産性とほぼ変わらない**
- **週35時間分の作業をこなす人は、週20時間分の作業をこなす人の生産性の半分しかない**

どれだけ作業をこなしても生産性は上がらず、ある一定量を越えると、逆に成果が下がってしまうわけです。

この傾向は、世界的な統計調査でもハッキリしています。

ＯＥＣＤ加盟国を比べたデータによれば、２０１５年の時点で一人当たりの労働時間や作業量がもっとも少ないのはドイツでした。具体的には、１年の労働時間は合計で１３００時間しかなく、この数字は日本の約8割ほどです。

ところが、生産性の高さでくらべると、両国の立場は一気に入れ替わります。なんと、一人当たりの労働生産性で見た場合は、ドイツのほうが日本より50％優秀なのです。内閣府の計算では、一人当たりの労働時間が10％減るごとに、一時間当たりの生産性は25％も高くなります。そのほかのデータを見ても、**労働時間が短い国ほど生産性が高く出ており、作業量を減らすほど、逆に成果が上がっていくのは間違いなさそうです。**

「やるべきことが多すぎる」は正しい選択ができていない証拠

考えてみれば当然でしょう。**なにか大きな成果を出すためには、目的に向かって行動を絞り込む必要があります。「やるべきことが多すぎる」と弱音を吐いている時点で、本当に必要なことを選択できていない証拠**なのです。

このような状況を、シンシナティ大学のニコラ・ジアディは、左のような図で解説しています。作業が多いのは本当の生産性ではなく、必要な行動だけに時間を使ったときにだけあなたは遠くへ行ける、というわけです。

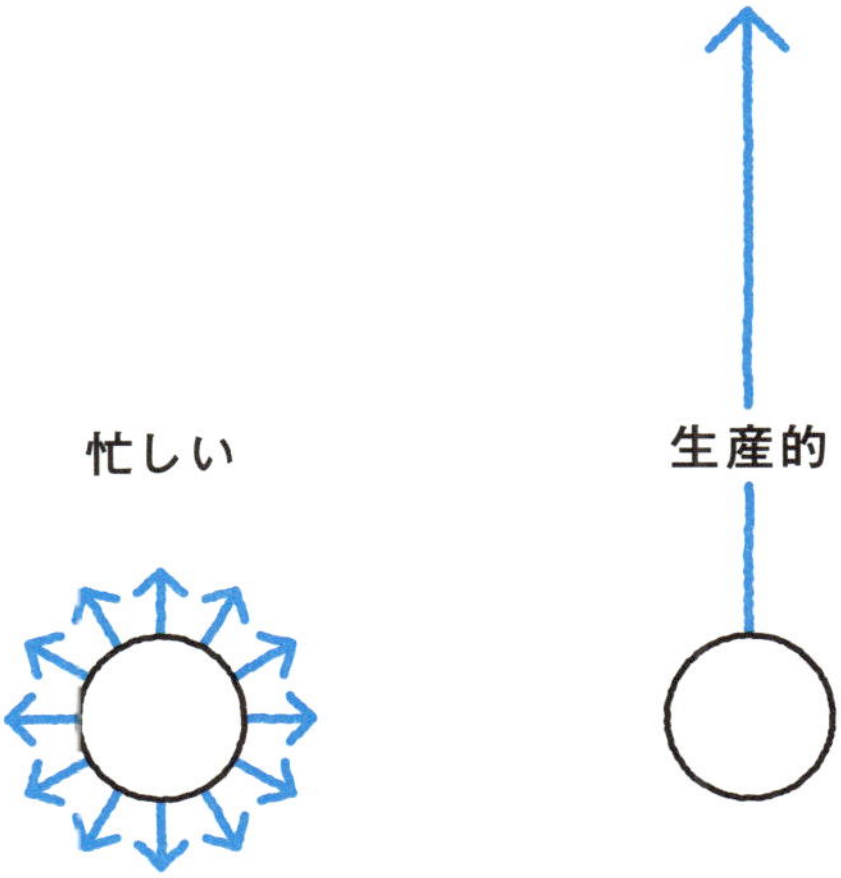

その意味では、多くの「時間術」が提示するような作業の効率化テクニックも答えにはなりません。

いくらタスク管理を工夫しようが、新しいスケジューリングのテクニックを導入しようが、生産性の伸び率はたかが知れています。ひとつひとつの作業スピードを細かく上げたところで、周囲に飛び出た矢印の長さが、それぞれ少しずつ長くなるだけだからです。

「やるべきことが多い＝生産性が低い」という事実は、心理学の世界では1950年代からハッキリしていた事実ですが、なぜか日本の企業はいまだに改善しようとしません。中には、作業量を減らして成果をあげるのではなく、「もっと残業して成果をあげないと！」などと従業員にプレッシャーをかける会社も珍しくないほどです。これでは生産性など上がらないままでしょう。

もし、あなたがこのような企業に入ってしまった場合の対策は、第４章で詳しく説明します。ぜひ参考にしてください。

まとめ

やるべきことが多いほど生産性は下がる。大きな成果を出すために行動を絞り込もう。

勘違い 3

忙しい人は仕事ができる

労働時間が多い人ほど実は働いていない

忙しい人ほど仕事ができない3つの理由

3つ目の勘違いは、「忙しい人は仕事ができる」です。

確かに、忙しそうな人ほど、たくさんの仕事をこなしているような印象はあります。実際、多くの企業でも、いつも社内じゅうを忙しそうに走り回っている人ほど、能力を高く評価される傾向があるようです。

しかし、かつてピーター・ドラッカーが「いかなる成果もあげられない人のほうがよく働いている」と言ったように、**忙しさと有能さは比例しません**。実は労働時間の多い人ほど生産性が低いのは、先ほどもご説明したとおりです。

忙しい人ほど仕事ができないのには、3つの理由があります。

1. 細かい作業が多くて集中力が続かない

2. 長時間の労働で脳の働きが下がる

3. 働きすぎで体調が悪くなる

まず1番目が、忙しい人ほど**1日にさまざまな作業を詰め込んでしまう問題**です。

取引先とのトラブルを処理し、上司や部下と打ち合わせをし、何度も会議に参加し、お客さんへの対応までする……。

はためにはとても働き者に見えますが、こういった仕事の仕方は、作業の効率を大きく下げます。アメリカのミシガン州立大学による実験では、**1日にジャンルが違う作業をいくつも行なうと、それぞれのタスクを達成する確率は25%も下がった**そうです。

また、マイクロソフトが行なった調査でも、ひとつの作業を行なうあいだに同僚と会話をしたり顧客からの電話に対応した場合は、**1回気がそれた集中力をとりもどすまで15分もかかってしまう**ことがわかりました。

つまり、いつも忙しそうにしている人は、実際は1日のあいだに集中した時間を持つことができていません。そのせいでまとまった作業をこなせず、成果も上がらないままになってしまうわけです。

○忙しい人ほど脳の機能が低下している

忙しい人ほど仕事ができない2つ目の理由は、**長く働くにつれて脳の機能が下がっていく**からです。

ある研究では、男女7500人にアンケートを行ない、いつもどれぐらい忙しくしているかを調べたうえで、認知テストの結果とくらべました。その結果わかったのは、次のような事実です。

- **週の労働時間が30時間を超えたところから、認知機能にマイナスの影響が出始める**
- **週の労働時間が60時間より多いと、普段はまったく働いていない人と同じぐらい認知機能が下がる**

私たちの頭は、仕事をすればするほどうまく働かなくなっていきます。研究チームの推定では、**女性は週22〜27時間の労働がベスト**で、**男性は週25〜30時間の労働がベスト**だそうです。また、働きすぎの悪影響は高齢者ほど大きくなり、特に40代を過ぎるとダメージが増えていきます。

いまの日本で正社員で「週30時間以下」の基準をクリアできている人は少ないでしょうが、とにかく働くほど脳の機能が下がってしまう事実だけは覚えておいてください。

この基準をクリアできなければ、せめて自分にとって本当に大事な仕事などはリフレッシュできた休日明けや、週の前半、つまり労働時間30時間以内のところで処理したほうがよいでしょう。週の後半の労働時間30時間以上の部分に関してはあまり認知機能を使わない会議や作業系の仕事に充てるようにするとよいでしょう。営業マンなら週の後半は外回りなどを入れたりして、バレないように上手にさぼるのもいいと思います。

［ 労働時間と生産性 ］

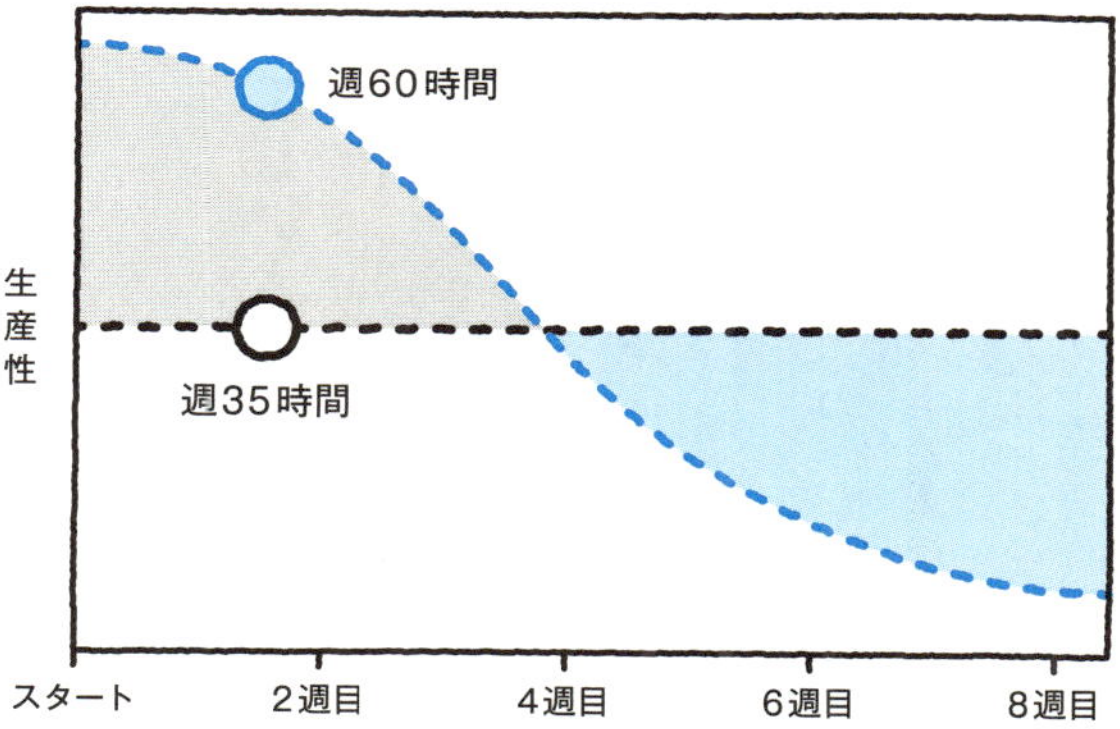

さらに、労働時間と生産性に関する近年の研究でも、似たような数字が報告されています。具体的には、

・週に35時間ずつ働く人は生産性が安定している
・週に60時間を超えて働く人は2週目から生産性が落ちていく

といった傾向があるようです。

コンスタントに高いパフォーマンスを発揮したければ、多くても週に40時間ぐらいの労働が上限。週に60時間を超えて働くと、疲れとストレスで脳機能の低下が起こり、最終的には生産性まで下がっていきます。

要するに、**生産性を下げないで働き続けるには、いたずらに忙しくするのではなく、適切なストレスマネジメントを重視するほうが先**です。その詳しいテクニックは、第3章からお伝えしていきます。

忙しい人ほど体を壊す

過労死といった言葉もあるように、働きすぎが体に悪いイメージは誰にでもあるでしょう。事実、たくさんの調査で「忙しくしている人ほど病気にかかりやすく寿命が短い」との結果が出ています。

たとえば、イギリスのロンドン大学が行なった研究を見てみましょう。これは、ヨーロッパやアメリカから約60万人のデータを集め、8年半にわたって「忙しい人はどこまで病気にかかりやすいのか？」について調べた大規模な研究です。その結果は、衝撃的なものでした。

- **週の労働時間が41～48時間だと脳卒中のリスクが10%高くなる**
- **週の労働時間が55時間を超えると脳卒中リスクが33%高まり、心筋梗塞リスクは13%高くなる**

「忙しさ」がここまで体に悪いのは、仕事のストレスが大きいのに加えて、睡眠や運動の時間が少なくなるからだと考えられます。**いまの厚労省の基準では、月80時間を超える残業を過労死に認定していますが、実際はこのラインよりも手前の段階から、体は少しずつ壊れていくようです。**

どんなに働いても、体調を崩してしまえば生産性が上がるはずはありません。これが、忙しい人ほど仕事ができない3つ目の原因です。

それでも忙しいアピールがなくならない理由

話をまとめると、「忙しい人」とは、実は有能などころか、ひとつの作業に集中して取り組めず、頭がよく働かず、体も壊しやすい傾向があります。生産性の面から見れば、ネガティブな要素しか見当たりません。

私の経験から言っても、本当に仕事ができる人ほど忙しさや頑張りを周囲に見せません。常に淡々と何事もなかったかのように仕事を進め、いつの間にかプロジェクトを成功に導いているケースがほとんどです。そもそも最初からトラブルを起こす確率が低いので、ムダな作業が発生しないのも大きいのでしょう。


それにも関わらず「忙しそうに振る舞う人」が減らないのは、自己アピールとしてのメリットが大きいからにほかなりません。

この事実を確かめたのが、ハーバード大学による実験です。

研究チームは、被験者に対して架空のフェイスブックアカウントをいくつも見せて、どの人物がもっとも有能だと思うかを調べました。

すると、多くの被験者は、**趣味や日常の出来事の話題が多いアカウントよりも、仕事に関する書き込みが多いほうを「有能で地位も高そうだ」と判断**したそうです。

主観的な生産性と実際の生産性

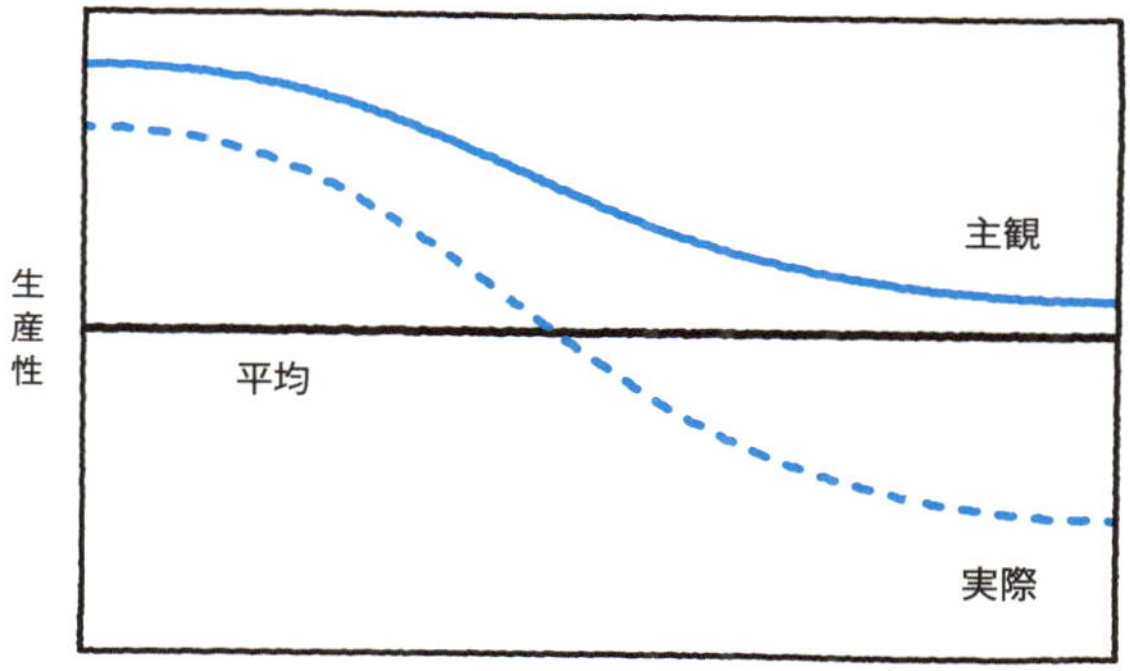

おもしろいことに、この被験者たちは、研究者から「このアカウントは作業が遅いから、いつも仕事の話をしているんです」と伝えられても自分の意見を変えませんでした。どうやら多くの人は、「この人は能力が低いのだ」と頭ではわかっていても、いつも仕事ばかりしている人を見ると「有能で偉いのだろう」と反射的に考えてしまうようです。

さらに、もうひとつ問題なのが、**大多数の人が「働くほど成果がでる!」といった思い込みを持っている**ところです。これも近年のデスクワーク研究によって確認された事実で、具体的なグラフで示すと上のようになります。

つまり、忙しい人たちは、「長く働いたせいで少し作業の効率は悪くなったかもしれないが、それでも平均よりは上をキープしているはずだ」と思ってしまいがち。しかし、**本当の生産性を測ってみると、実際は平均をはるかに下回っている**のです。

人間にこのような性質が備わっている限り、「忙しいアピール」が世の中から消えることはないでしょう。

しかし、この事実を知ってしまえば、もう惑わされる必要はありません。

忙しそうにする人を横目に、自分は**「本来の自由な時間」を有効に使う方法を考えていけばいい**のです。

あなたの時間不足は錯覚にすぎない

ここまで本章では、時間にまつわる勘違いを説き明かしてきました。

忙しい人ほど有能なのはウソで、やることが多い人ほど生産性が低く、そして何よりも、実はみんな自分が思うよりも自由な時間を持っています。それが真実なのです。

それにも関わらず、あなたが「忙しい！」「時間がない！」と感じてしまう理由はどこにあるのでしょう？　本当はもっと自由な時間があるはずなのに、なぜみんなそこまで余裕がないのでしょうか？

結論から言えば、あなたの時間不足は「錯覚」です。

本当はやりたいことをやるだけの時間があるし、実際には毎日の作業をこなすだけの能力も持っているのに、あたかも物理的な時間が足りないかのように思い込んでいるだけなのです。時間の感覚が狂っていると言ってもいいでしょう。

まさか、と思われたかもしれません。いきなり「あなたの時間不足はニセモノだ」と言われて、すぐには納得できる人は少ないはずです。

が、私たちの時間感覚は、いとも簡単に狂ってしまうものです。

慣れない仕事に取り組んでみたら時計の針が進まない、おもしろい本を読んでいたらいつのまにか2時間も経っていた、楽しみにしていた休日が何もしていないのにいつの間にか終わってしまった……。

楽しいことは早く時間が過ぎ、嫌なことは時間が遅くなる。こういった感覚の変化は、誰もが日常的に味わっていると思います。

さらに言えば、**私たちの時間感覚は「社会的な地位」によっても変動します**。

かつて、カリフォルニア大学がおもしろい実験を行ないました。被験者を半分に分けて、ひとつのグループには自分が面接官になった姿を想像してもらい、残りのグループには面接を受ける立場を想像するように指示。

その後、被験者に時間感覚にまつわるテストをしたところ、面接官を想像したグループのほうが、「私は時間に余裕がある」や「忙しくは感じない」と答える確率が高くなっていました。

このような違いが出たのは、「権力」には、時間感覚を変えさせる効果があるからです。**権力は「自分は時間をコントロールしている」という感覚を生み出す**ため、それだけ心に余裕が発生し、まるで時間が増えたかのような気持ちになっていくわけです。

よく「時間はすべての人間に平等」などと言いますが、時間感覚についてはまったくの

［ 時間感覚　負のスパイラル ］

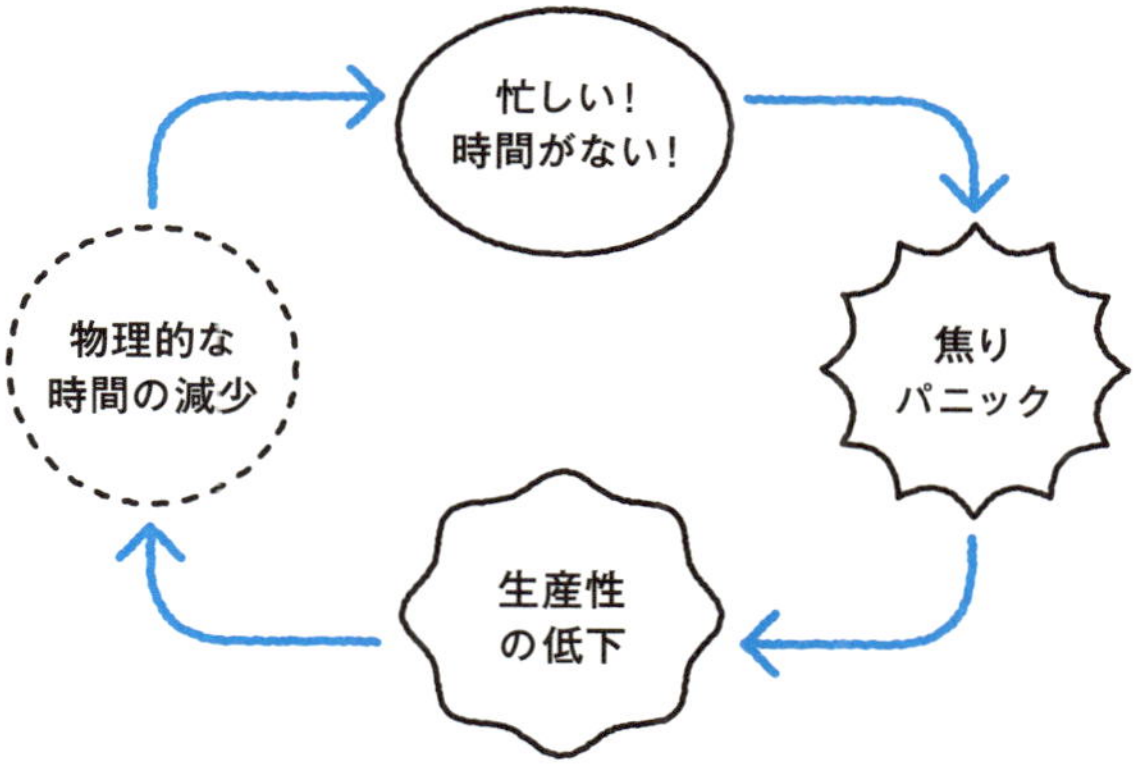

ウソ。権力者ほど時間に追われるような感覚が少ないため、心に余裕を持って行動することができます。さらに、そのせいでますます生産性が上がり、最終的には物理的な時間も実際に増えていくことになるのです。

ところが、いったん「時間が足りない！」といった感覚に襲われると、焦りとパニックによって生産性が大きく低下。結果として、何もかもうまくいかない**負のスパイラル**にハマり込み、やがて本当に使える時間も減っていきます。「富める者はますます富み、貧しき者はますます貧しくなる」という聖書の言葉は、時間についても真理を突いているようです。

最後には時間を捨てよ！

しかし、安心してください。

あなたのゆがんだ時間感覚を正すのに、わざわざ権力を手に入れる必要はありません。「時間不足」の錯覚をもたらす真の原因を見極め、本当の自由時間を取り戻すためのトレーニングを積めばいいのです。

そう言う私も、もともとは時間管理が得意なほうではありませんでした。普通の時間管理術のように、やるべきことを細かくスケジュールに組み込んでいくスタイルが性に合わなかったからです。

ところが、**「時間感覚」を正すトレーニング**を積んだところ、自分でも驚くような変化が起きました。時計でタスク管理していた時よりも、最終的なアウトプットの量が1・7倍に増えていたのです。予定のタスクが終わり時間を確認すると、いつも得したような気分になれます。

おかげで、いま私はほとんど時計を使わない暮らしをしています。自宅の壁に時計はありませんし、腕に巻いたアップル・ウォッチも活動量や心拍数のチェックぐらいにしか使いません。iPhoneの時刻表示もできるだけ目に入らないようにしています。

このような方法に行き着いたのは、**時間ではなく「行動」で自己管理をする**ように決めたからです。

「今日は執筆を3本と瞑想を1時間する」といったように、最低限のやるべきことを決めたら、あとは時計を見ずにひたすら作業に取り組む。このようなスタイルで仕事をすると、いま目の前のことに集中するしかなくなります。

もちろん、どうしても時間を決めなければならない作業は出てきますが、そんな時はアラームをセットして忘れるようにしています。「アラームが鳴った時にだけこの作業をする」と決めたほうが時間に振り回されずにすむのです。

ところが、1日の作業を時間で管理すると、どうしても人間の中には感覚のズレが生まれます。

3時までに企画書をやるはずだったのに、ふと時計を見たらまだあと20分もあるから、ちょっとメールをチェックしておこう……。

そう思って気がついた時には、すでにタイムリミットを大きく超過。大慌てで企画書に戻ったものの、パニックで頭がうまく働かずに今日も残業になってしまう。

誰もがこんな経験をしたことがあるでしょう。**人間にはもともと時間を過大に評価する傾向があるため、作業を正確に見積もるのが苦手**なのです。

とは言え、私のような生活に急に切り替えるのは難しいでしょう。現代人は時間をベースに物事を考えることに慣れきっており、時間不足の感覚が心の底まで染み付いているからです。

しかし、**本書を読めば、時間に振り回される生活はもう終わり**です。

第2章からお伝えする「時間感覚」の修正トレーニングを実践すると、**あなたは「時間をコントロールしている感覚」に包まれ、最終的には本当の物理的な自由時間も増えていきます。**

つまり、本書がお伝えするのは、一般的な「時間術」のような細かいスケジュール管理法ではありません。**あなたの時間が足りない根本的な問題を解決し、時間に使われる奴隷のような状態を抜け出すのが目的**です。

そして、最終的に目指すのは**「時間を捨ててしまう」**こと。時間をなくしてしまえば、もはやあなたは時間に振り回されることもありません。

まるで禅問答のようですが、ギリシアの哲人エピクロスはかつてこう言いました。

「明日を最も必要としない者が、最も快く明日に立ち向う」

これこそが、現代人に効く「真の時間術」なのです。

まとめ

「時間がない」と感じるのは、時間感覚のゆがみが原因。ゆがみを正せば物理的な時間も増えていく。

第2章

時間感覚を正す 7つのフィックス

第１章では、みんな自分が思うよりも時間には追われていないし、実は忙しくもないという事実を紹介しました。

しかし、そうは言っても、現代では多くの人が実際に「時間が足りない」感覚に困っているのも本当のところです。この問題を解決して、いつでも余裕を持って仕事や勉強をこなすためには、まずは「時間不足」の感覚を修正していくのが一番です。

そこで、この章からは、あなたの間違った時間感覚を正すための、７つのフィックス（解決策）を用意しました。

このフィックスを意識して実践していくことで、あなたの心のなかには余裕が生まれ、もっと効率よく時間を使いこなせるようになっていきます。

そして最後の目標は、第１章でもお伝えしたとおり、自分にとって本当に大事なものを見極め、時間そのものの感覚を捨ててしまうことです。そこまでたどり着けば、もはやあなたはゆがんだ時間感覚に振り回されることもなく、本当に大切なもののためだけに人生を投資できるようになるはずです。

フィックス 1

ゴールコンフリクトを正す

運動をしたいけど仕事がある、貯金をしたいけど欲しいものがある、ダイエットしたいけどもっと食べたい、勉強しないといけないが眠りたい……。

誰でも一度は体験するシチュエーションでしょう。「二兎追う者は一兎も得ず」と言うように、私たちの暮らしでは、**いくつもの目標や欲望がぶつかりあってしまうケース**がよくあります。

実は、心理学の世界では、この状態こそが**「時間不足」の感覚を生み出す最大の原因**だと考えられています。

このような問題を、専門的には**「ゴールコンフリクト」**と呼びます。その名のとおり、

目標（ゴール）が衝突（コンフリクト）しあった状態のことです。自分のなかで欲望のぶつかりあいが起きるたびに、あなたはどんどん時間に追われているかのような感覚を持ってしまうのです。

「ゴールコンフリクト」の問題は、アメリカの男女を対象にした最近の実験でもあきらかになっています。

この研究では、被験者を2つのグループに分けて、「ぶつかりあう目標」か「両立できる目標」のどちらかを紙に書いてもらいました。そのうえでみんなの時間感覚をテストしたところ、「ぶつかりあう目標」を立てたグループのほうが、その後で「自分は時間が足りない」と答える確率が格段に上がったのです。

ここで大事なのは、**時間に関する目標でなくても「ゴールコンフリクト」の悪影響が起きてしまう**点です。

たとえば、「運動をしたいけど仕事がある」のように時間が足りないせいで起きるコンフリクトと、「貯金をしたいけど欲しいものがある」というお金のコンフリクトをくらべた場合、どちらも同じように時間が足りない感覚は起きてしまいます。どんなタイプの目標でも、互いにぶつかりあった時点で、あなたの時間感覚はゆがみ始めるわけです。

焦っているから時間がないように感じる

さらに、もうひとつ重要なポイントは、「ゴールコンフリクト」の問題は、あくまで自分がどう思うかに左右されるところです。

人によっては、いまケーキを食べてもダイエットには大した影響がないかもしれませんし、欲しいものを買ったところで目標の貯金額はすぐに達成できるかもしれません。しかし、「ゴールコンフリクト」が事実かどうかは関係ありません。自分が「目標がぶつかっている」とさえ思えば、時間感覚には悪影響が出てしまいます。

また、この実験では、**「ゴールコンフリクト」が大きな人ほど自制心が効かなくなってしまう**、という問題も確認されています。目標のぶつかりあいで**時間感覚がおかしくなり、目の前の欲望に弱くなってしまう**ようなのです。こちらも、時間を有効に使う際の大きな障害になるでしょう。

ここまで「ゴールコンフリクト」の悪影響が大きいのは、ぶつかった目標を無意識のうちにどちらも追いかけてしまうせいで、私たちのなかに**焦りと不安の感覚**が生まれてしまうからです。

いったん生まれた焦りと不安は目標が達成されるまでふくらみ続けていき、そのプレッシャーが「時間不足」の感覚になっていきます。ヴァージングループ総帥のリチャード・ブランソンは「焦っているから時間が無いように感じる」と言っていますが、これは科学的にも正しいのです。

ゴールコンフリクトの3パターン

自分の時間を取り戻すには、まず「ゴールコンフリクト」を正すのが近道。なんらかの**目標を立てる時点で、お互いにぶつかりあわないように組み立てていく**のがベストです。

それでは、具体的にどのようにコンフリクトを解決していくのがいいでしょうか？

そのためには、まずは「ゴールコンフリクト」の種類を理解するのが大事です。定番のパターンは次の3つです。

1. わかっているけどやらないコンフリクト
2. 思い込みコンフリクト
3. 無知コンフリクト

1つ目の**「わかっているけどやらないコンフリクト」**とは、つい欲望に負けてしまうタイプの問題です。

ポテトチップスが太るのはわかっているけどつい食べてしまう、新しいパソコンが欲しいけど貯金が減ってしまう……。一般的にもっとも多いパターンかもしれません。

2つ目の**「思い込みコンフリクト」**は、シンプルに「勘違い」が原因で目標の衝突が起きてしまうパターン。

たとえば、「人生で成功するには友人との遊びを減らすしかない」と考えている人がいるとしましょう。しかし、実際には、友人と遊んだほうが思わぬ方向に人脈がつながっていったり、楽しい時間がストレス解消になって、逆に仕事がうまく進んだりといったケースも十分に考えられます。

いかに自分が相容れない目標だと思っていても、現実では両立してしまうケースは往々にしてあるもの。これも定番のコンフリクトでしょう。

3つ目の**「無知コンフリクト」**は、知識が足りないせいで起きます。

よくあるのは、「運動をしたいけど仕事がある」というパターンです。一見、この2つは両立しないように思えますが、多くの実験では、10分でも軽くでもエクササイズをしたほうが集中力が上がって仕事の効率も良くなり、結果的に時間の短縮につながることがわかっています。

正しい知識がないと、本来は何の問題もないところに、コンフリクトが見えてしまうわけです。

まずは「コンフリクト・リスト」を作ってみよう

これらの問題を修正するには、まず自分のコンフリクトを把握するところから始めてください。というのも、多くの人にとってコンフリクトは「自然なもの」なので、自分が無意識に抱いている問題に気づきにくいからです。

具体的には次のステップで行ないます。

1．いまの目標を10個書き出す
2．10の目標から重要だと思う5つを選ぶ
3．5つの目標の「障害」を書き出す
4．それぞれの「障害」をコンフリクトのパターンに割り振る

目標は好きなもので構いません。「貯金する」でも「痩せる」でも、いまの自分がやりたいことを最低でも10個は並べてください。

リストアップが終わったら、そのなかから自分が大事だと感じるものを上から5つ選び出します。あまり深く考えずに直感で選ぶのがコツです。

続いて、5つの重要な目標に、それぞれ「障害」になりそうなものを考えてください。「痩せたい」が目標なら、「お菓子を買ってしまう」「運動が続かない」「カロリー制限ができない」など、自分が障害だと思うものであれば、ひとつのゴールに対して何個も書き出して構いません。これらの障害が、あなたのコンフリクトだと考えられます。

最後に、それぞれの障害をながめてみて、先にあげた「コンフリクトの3パターン」のうち、どれに当てはまるかを考えてみてください。

こちらもあまり深く考えず、直感的に割り振ってみればＯＫ。この時点で自分の問題を正しく理解できるほうが珍しいので、間違ったらあとで修正していきましょう。

○「わかっているけどやらないコンフリクト」対策

自分のコンフリクトがわかったところで、いよいよ具体的な対策に入ります。まずは「わかっているけどやらないコンフリクト」からです。

この問題について、**もっとも効果が高いのは「やるしかない仕組みを事前に作っておく」方法**です。原因がわかっているのに行動できないのなら、自然と良い選択をするように環境を整えておくしかありません。

と言ってもわかりにくいので、いくつか具体例をあげましょう。たとえば、有名な行動経済学者のダン・アリエリー博士は次のような提案をしています。

コンフリクト例：健康的な食事をしたいのに、ついジャンクフードを食べてしまう

解決策：健康食品の定期宅配を頼む……事前に健康食品の定期サービスに申し込み、自動的に健康的な食べ物しか届かないようにする方法です。お金をムダにしたくないなら、嫌でもヘルシーな生活を送るしかなくなります。

コンフリクト例：貯金がしたいのに、欲しいものを買ってしまう

解決策：預金口座へ自動送金する……月に1回ずつ、普通口座から貯金用の口座へ決まった額を自動で送金するようにしておく方法。強制的に貯金が増えていくのはもちろん、送金額を引いた予算のなかやりくりするように気持ちが変化していきます。

コンフリクト例：運動をしたいけど、家でリラックスもしたい

解決策：友人とジムに行く約束をする……友人や同僚に頼んで、定期的にジムに行く約束をしてみる方法。

人間は義務感に弱い生き物なので、目標の達成率は一気に上がります。実際、ある心理学の実験でも、ジム仲間を作った人は運動をする回数が3倍になったとの結果が出ています。

どの手法も、**あらかじめ「やるしかない環境」に自分を追い込んでおく**のが基本。**行動経済学の世界では「アーキテクチャを作る」と呼ばれる考え方**です。

科学的に正しくアーキテクチャを作るときのポイントは、次の3つだけです。

1. 減らしたい行動は、実行に必要な手間を増やす
例：お菓子を戸棚の奥にしまっておく

2. 増やしたい行動は、実行に必要な手間を減らす
例：ベッドの横にシューズを置いて、ランニングしやすくする

3. もっとも増やしたい行動は、完全に自動化する

例：野菜の定期宅配を頼んで、野菜を食べる量を増やす

もし「わかっているのにやらない」目標があるなら、以上の点をふまえたうえで、ぜひ自分なりのアーキテクチャを考えてみてください。

思い込みコンフリクト対策

意外と対策が難しいのが「思い込みコンフリクト」でしょう。あくまで自分の考えは正しいと思っているため、解決へのモチベーションがわきにくいからです。

そこでおすすめしたいのが、**「セルフ・ディスタンシング」**という手法。簡単に言えば、**自分の悩みを他人事のように見るテクニック**です。

たとえば、あなたが「仕事で成功したいけど子育てが大変で無理だ」といったコンフリクトを持っていたとしましょう。そんなときは、**自分にとって最高の友人が同じコンフリクトに悩んでいる姿を想像しながら、頭のなかで彼にアドバイスをしてみる**のです。

すると、不思議なことが起きます。他人に向けて話しかける様子を思い描くだけで、思い込みにとらわれない答えが出せるようになるのです。

その答えは、「そんなの問題でもなんでもない」かもしれませんし、「あらかじめ子育ての時間を割り振っておけ」かもしれません。どの答えが本当に正しいかは個人の状況によるでしょうが、**「セルフ・ディスタンシング」を使ったほうが、より正確で冷静な解答に近づける**のは間違いありません。

もちろん、「セルフ・ディスタンシング」の効果は、多くの実験で確認されています。

ある研究では、被験者に2パターンの状況を想像してもらう実験が行なわれました。ひとつは「自分の身にトラブルが起きた場面」で、もうひとつは「友人の身にトラブルが起きた場面」です。

そのあとで、実際にトラブルへの対処法を考えてもらったところ、友人の身にトラブルが起きた場面を想像したグループのほうが、はっきりと冷静で総合的な判断ができるようになっていました。他人へのアドバイスは的確なのに、自分のことになるとつい間違った判断をしてしまうことは誰にでもありますが、これを「セルフ・ディスタンシング」が打

［ セルフ・ディスタンシング ］

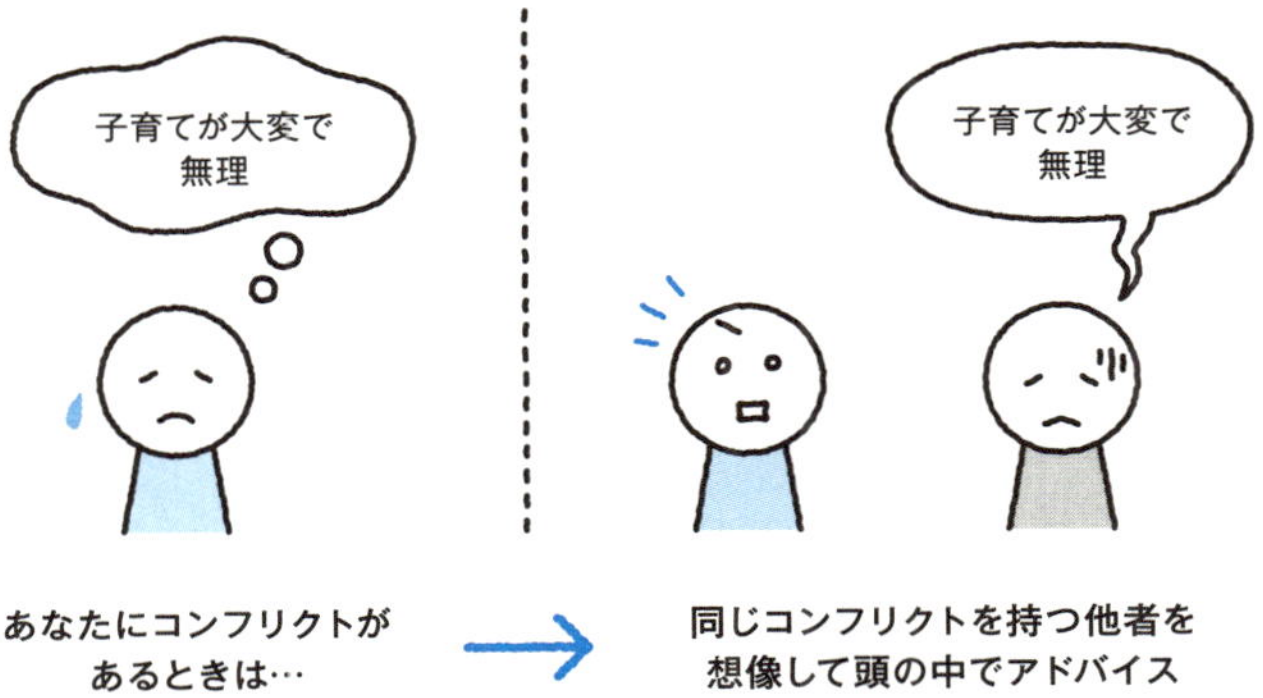
子育てが大変で
無理
子育てが大変で
無理
あなたにコンフリクトが
あるときは…
同じコンフリクトを持つ他者を
想像して頭の中でアドバイス

ち消してくれるわけです。

具体的には、前に作ったコンフリクトリストをチェックして、まずは自分が「思い込みではないか？」と感じたものをピックアップ。その問題を、自分の友人や両親が抱えていたら、自分はどんなアドバイスをするだろうか？　と想像してみましょう。それだけで、確実に思い込みから抜け出しやすくなります。

メンタル・タイムトラベル

もうひとつ、思い込みから抜け出すのに有効な方法に、**「メンタル・タイムトラベル」**があります。これは、名前のとおり**「この問**

題が未来にはどうなっているだろうか?」と想像してみるテクニックです。

といっても、決してバラ色の未来を想像するのではなく、**あえてダークな光景をイメージしてみる**のがポイント。たとえば、「人生で成功するには友人との遊びを減らすしかない」という問題を抱えているのなら、「30年後ぐらいに借金まみれで家もなく、頼れる友人がひとりもいない自分の姿」を、できるだけ明確に思い描いてみればいいでしょう。

なんだか気分が暗くなってしまいそうですが、ここ数十年の研究で広く認められたテクニックで、その効果は絶大。多くの人は未来の失敗に対する想像力が足りないせいで決断を間違ってしまう傾向があるため、**あえて不吉な未来をイメージすることで視点が広がり、思い込みを抜け出しやすくなる**のです。

なにか判断に困ったら、ぜひ「絶望的な未来」を想像してみてください。

○無知コンフリクト対策

最後に「無知コンフリクト」の対策法を見ていきますが、これも難しい問題です。

そもそも、自分の無知に気づけないからこそ無知のままなわけです。つまり、意識して「無知の知」を手に入れない限り、コンフリクトも解決しようがありません。

ここで大事なのが、**「知的謙遜」**という考え方。これは、**簡単に言えば「自分の知識はどこまでが限界なのか？」をしっかり把握できている状態**のことです。たとえば、「カロリーを減らせば痩せるのはわかっているけど、運動で減らせるカロリーは知らないからもっと調べてみよう……」などとハッキリ思えていれば、あなたはダイエットについて「知的謙遜」を持っていると言えます。

実は、ここ数年の研究により、「知的謙遜」がとても大事なポイントだとわかってきました。ある実験では、被験者の学習スピードを計ったところ、**「知的謙遜」のレベルが高い人ほど長い目で見てものごとを学ぶスピードが速く、意見が違う相手からもどんどん知識を吸収していく傾向**がありました。

というと、当たり前のように思われるかもしれませんが、たいていの人は「私は他人よりも能力が上だ」と思い込む性質を持っているため、ちゃんと「知的謙遜」をキープし続けるのは簡単ではありません。実際、近年ではGoogleの人事採用でも、「知的謙遜があるかどうか？」を基準のひとつにしているほどです。

Googleで人事の責任者を務めるラズロ・ボックは、こう言っています。

「Googleの採用で重要なのは知的謙遜と責任感だ。（中略）知的謙遜がなければ、人間は学べなくなってしまう」

確かに、「知的謙遜」がないと、延々と無知コンフリクトが続いてしまうことになります。Googleが重視するのも当前でしょう。

無知の知を手に入れる7つの質問

「知的謙遜」を鍛えるためには、「ソクラテス式問答法」を使うのが一番効果があります。「無知の知」で有名なギリシアの哲学者ソクラテスが編み出した「質問術」です。

「ソクラテス式問答法」は、次のような7種類の質問を自分に投げかける形で使います。

［ ソクラテス式問答法 ］

1	明確化の質問	問題の具体的なゴールはなんだろう？
2	前提の質問	問題についてわかってないことはなんだろう？
3	証拠の質問	いまの答えを事実だと考えた理由はなんだろう？
4	起源の質問	いまの自分の考え方やアイデアはどこから得たものだろう？
5	結果の質問	問題を試したらどんな効果があるだろう？
6	視点の質問	他の人はこの問題にどう答えるだろう？
7	仮定の質問	いまの答えの代わりに、どんな答えが考えられるだろう？

たとえば、「運動をしたいけど仕事がある」という問題に対しては、次のように「ソクラテス式問答法」を使ってみます。

「運動と仕事のゴールはなんだろう？」（明確化）
「運動で健康になって、仕事をバリバリ続けたいなぁ……」
「運動についてわかってないことは？」（前提）
「そういえば、どれだけ時間をかければいいのか知らないかも。あと健康のほかにも、なんかいいことがありそう」
「運動と仕事は両立しないと考えた理由はなんだろう？」（証拠）
「確かに、なんとなくイメージでそう思ってたかも……。実はよく考えてなかったな」
「運動と仕事を一緒に試してみたらどうだろう？」（結果）
「意外と運動でリフレッシュして仕事が進むこともあるかもなぁ」
「他の人は運動と仕事をどう答えるだろう」（視点）
「考えてみれば、運動しながらバリバリ働いてる人もいっぱいいるなぁ」
「運動と仕事は両立しないという答えのほかに、どんな答えがあるだろう？」（仮定）

「もしかしたら両立させる方法がある？　そもそも運動について知らないから、もう少し調べてみるか……」

このように、**質問を重ねていくほど問題の理解が深まり、自分の「無知の知」がわかる**ようになります。確実に問題が解決するとは限りませんが、いま自分は何がわかっていないかを把握するだけでも、格段に正しい答えに近づいていくでしょう。その結果、あなたの「知的謙遜」は高まり、さらなる能力アップにつながっていくのです。

事実、最近では「ソクラテス式問答法」の効果は広く認められており、大企業の社員研修に使われたり、うつ病の治療などにも応用されています。あなたも、自分の「コンフリクト・リスト」を見ながら、自分に質問を投げかけてみてください。

まとめ

目標や欲望が衝突しあうと「時間不足」の感覚が生まれる。まずは「コンフリクト・リスト」を作ってみよう。

フィックス 2

時間汚染を防げ!

あなたは、普段こんなことをしていないでしょうか。

SNSを見ながら勉強をする、音楽を聞きながら仕事をする、スマホを見ながら食事をする……。

心当たりがあるなら、今日からすべて止めてください。**複数の作業を同時に行なう「マルチタスク」は、あなたの時間感覚をゆがめてしまう大きな原因**だからです。

心理学の世界では、昔からマルチタスクの悪影響がよく言われてきました。ある研究によれば、現代人がひとつの作業に集中して取りかかれる時間はたったの15分。いったん作業が中断すると、再びもとの作業に取りかかるまで25分もかかってしまいます。

さらに、他のことをしながら作業をした場合、脳の回転や集中力など、すべての面で**生産性は40％下がり**、ひとつの作業を終えるのにかかる時間と作業ミスが起きる確率が50％増えてしまいます。「ながら作業」は効率アップの大敵なのです。

しかし、マルチタスクのデメリットは、それだけではありません。ここ数年の社会心理学の研究により、時間の感覚までおかしくなることがわかってきました。

社会学者のジョン・ロビンソン博士は、**「ある作業から別の作業へ何度も注意を切り替えると、そのたびに時間に対するプレッシャーは増える」**と言っています。

少し専門的に言うと、マルチタスクをすると、あなたの脳にストレスがかかり、扁桃体《へんとうたい》という感情をコントロールするエリアが活性化。その結果、あなたの脳はまるで**時間が細切れになったかのように思い込み、つねに時間に追われているかのように感じてしまう**わけです。

多くの研究者は、**この状態を「時間汚染」と呼んでいます**。細切れに作業をするせいで大きな時間の流れがバラバラに断ち切られ、結果として感覚がおかしくなってしまう現象を指した言葉です。

つまり、「時間汚染」を解決するには、小手先の時間管理テクニックを使うのは無意味。徹底的に脳のパニックを抑えていくしかありません。

タスクシフト

まず**脳のパニックを抑えるのに効果的なのが「タスクシフト」**。あらかじめ複数のタスクを切り替えるタイミングを決めておくテクニックです。

これはコロンビア大学が考案した手法で、実験でも効果が確認されています。具体的には、被験者に2つのパターンで複数の作業に取り組んでもらいました。

1. 前もって決めた間隔で、定期的に2つの作業を切り替える（例：ひとつの作業を10分やったら2つ目の作業に移る）

2. 自分の意志で自由に2つの作業を切り替えられる

その結果は、1番目のグループの勝利でした。あらかじめ作業を切り替える間隔を決めておいたほうが仕事のパフォーマンスが上がり、はるかに良いアイデアを生み出すことができたのです。

この現象は、**気まぐれに作業を切り替えるよりも、「次の時間が決まっている」おかげで脳が安心する**せいで起きます。その結果、作業を切り替えても時間が細切れになった感覚が起きず、安心して作業に打ち込めるのです。

この実験を活かすには、**タイマーを使うといい**でしょう。前もって「30分だけ企画書を書いたら、次は精算書を作る」と決めておき、タイマーが鳴ったら、すぐに予定どおりの作業に切り替えるのです。

タイマーの設定時間は自分の好みで構いませんが、約2万人の学生を対象にした実験によれば、多くの被験者は、ひとつの作業をはじめてから平均して30分が過ぎたあたりから脳の働きが下がり出し、50分で完全にやる気がなくなってしまったそうです。

このデータからすれば、**タイマーの間隔はひとつの作業につき30分がベスト**。長くても30分を超えないように設定しておきましょう。

ここで大事なのは、どんなに調子がよいときでも、**タイマーが鳴ったら必ず作業を切り替える**ところです。もし、予定の時間になっても作業を止めないと、再び脳がパニックを起こす原因になります。いったん決めた間隔は必ず守るのがコツです。

メールを見る時間も事前に決めておく

タスクシフトと似たようなテクニックに、**「どんなに短い作業でも時間を割り当てておく」**というものがあります。

当然ですが、毎日の作業のなかには、短時間で終わるものと長期におよぶものの2種類があります。人間の脳は時間の感覚を切り替えるのが苦手なので、**短期と長期の作業を交互に行なうと、やはりうまく情報を処理しきれなくなり、「時間汚染」が起こってしまいます。**

しかし、ほとんどの人は長期のスケジュールには時間を割り当てるのに、メールチェックや取引先への電話といった短い作業にはなにもしません。

時間汚染から脳を守る

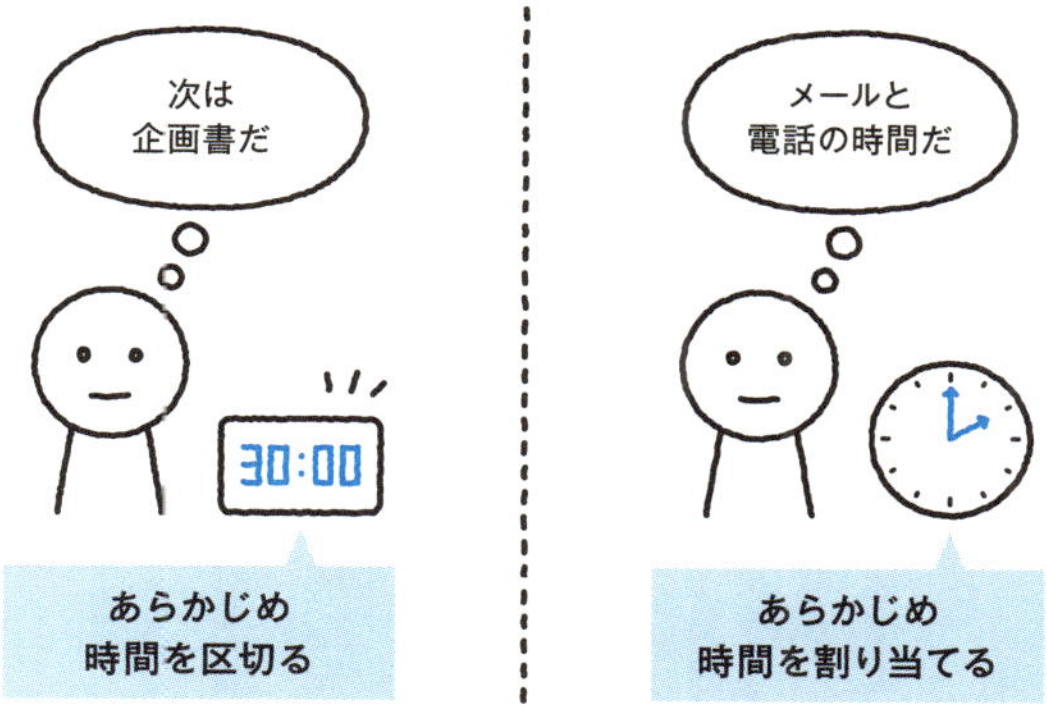

そのままでは脳がパニックを起こすだけなので、たとえ事務作業のように細かなことでも、事前にきっちりと時間を割り当てて、「その時間にしかチェックしない」と決めておくのが大事です。

実際、**メールチェックと仕事の生産性を調べた実験**では、あらかじめ「メールを確認するのは**1日3回まで**」と決めておいた被験者は、作業中の緊張やストレスが減り、幸福度も上がる傾向がありました。

未読のメールがあると思うだけで、あなたの脳はその内容について考え始め、時間が細切れになったような感覚が生まれてしまいます。毎日のストレスを減らすためにも、時間の割り当ては大事なテクニックです。

○ＴｏＤｏ管理はインデックスカードで

毎日の作業をこなすために、スマホやＰＣのアプリにＴｏＤｏリストをまとめている人も多いでしょう。しかし、脳の働きから見ると、これはよくありません。

というのも、私たちの脳は情報にランダムにアクセスするのがとても苦手です。

たとえば、ＤＶＤでパッパッと見たいチャプターに飛ぶよりも、早送りを使って目当てのシーンを探したほうがストーリーをつかみやすいでしょう。これはＴｏＤｏ管理でも同じで、スマホのアプリで一気に登録したタスクを見るよりも、作業を登録した時系列に沿って順序よくながめていったほうが脳の負担は減るのです。

そこで、神経科学者のダニエル・レヴィティン博士などは、インデックスカードを使ったＴｏＤｏ管理を勧めています。１００円ショップなどで小さなインデックスカードを大量に買い込み、その日にやるべきことを1枚にひとつずつ書き込む方法です。

あとは、そのカードを1枚ずつ見ながら、やるべきことをこなすだけ。作業の優先順位

［ ToDo管理はカードを使う ］

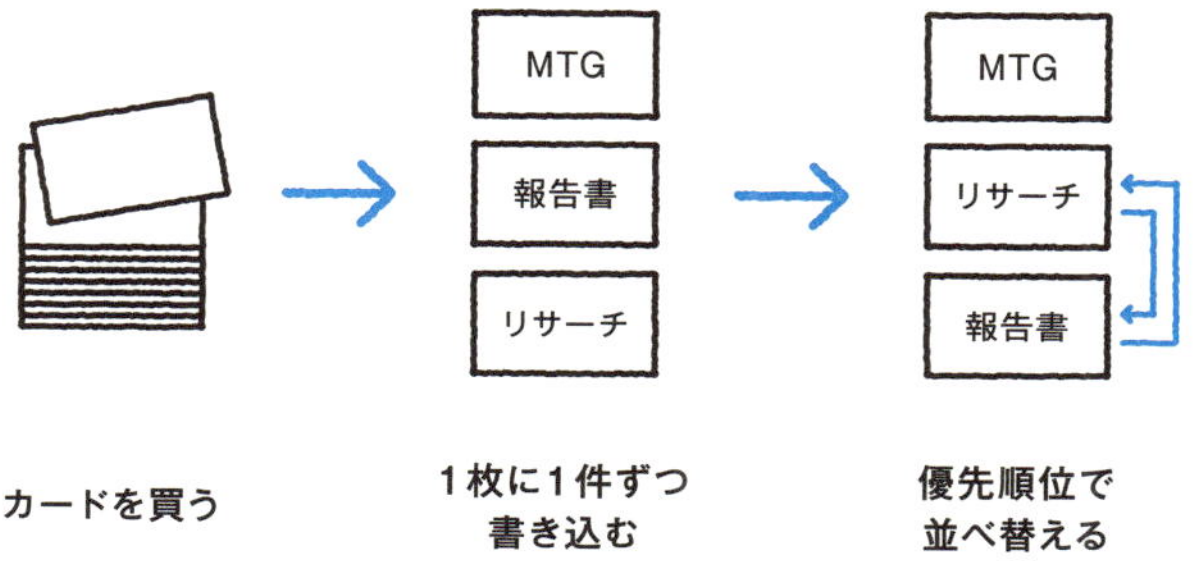

が変わったら、カードの順番を並べ替えていきましょう。

また、インデックスカードのように物理的なものを使うと、スマホのアプリを使うよりも、脳が「ここに必要な作業がまとまってる」と安心する効果も得られます。これもまた脳のパニックを防ぐのにとても効果的です。

マルチタスクで逆に時間を有効に使う方法

私たちの脳は、一度に同じ能力を使ったときにパニックを起こします。たとえば、メールの返事を書きながらオーディオブックで勉強したり、誰かと話しながらポッドキャストを聞けたりできないのは、すべてが脳の言語能力を使う作業だからです。

ということは、逆に言えば、**まったく違う能力を使ったマルチタスクであれば、何の問題も起きない**ことになります。具体的な例をいくつか見てみましょう。

・ウォーキングマシンを使いながら本を読む
・料理をしながら電話をする
・皿を洗いながらオーディオブックを聞く

複雑なスポーツは無理ですが、ウォーキングやランニングのようにシンプルな運動や、すっかり体が慣れてしまった家事や事務などは、いくら他の難しい作業と組み合わせても問題が起きません。

実際、学生を対象にした実験では、ジムでウォーキングマシンを使いながら文章を読んだほうが、注意力と記憶力が35％も高くなったとの結果が出ています。互いにジャマにならないような作業を組み合わせれば、効率が落ちるどころか、逆に時間を有効に使う手助けにもなるわけです。

脳のパニックを抑えるための注意点

これまでにも見てきた通り、私たちの**脳は、少しの変化でもパニックを起こす繊細な器官**です。いたずらに脳を興奮させないように、以下のポイントにも注意しておいてください。

注意点1　すべての作業を同じ環境でやらない

私たちの脳は、作業と環境を結びつけて覚える習慣があります。

たとえば、いつも自宅のＰＣで仕事をしていた場合は、「自宅は仕事する場所だ」と脳が学習するため、それ以外の場所で仕事をすると脳が混乱してしまいます。そのため、事前に「仕事は自宅でやる」「勉強はカフェでやる」といったように、あらかじめ作業と場所をセットでまとめておくといいでしょう。

注意点2　できなかった作業は溜め込まない

長くＴｏＤｏを管理をしていると、「あとでやろう」と思った作業がどんどん積み重なっていきます。

ところが、脳は1秒につき60ビットのデータしか処理できないため、やるべき情報が目の前に増えていくだけでオーバーヒートを起こしがちです。それで時間感覚がおかしくなるぐらいなら、何も考えずに一気に消してしまったほうがマシ。年に1度は古いＴｏＤｏや書類などを棚卸ししてやれば、脳の負担を軽くしてあげるのに大きな効果があります。

注意点3　1時間を超えて仕事をしない

当然ですが、脳はぶっ続けで仕事をするとパンクします。過去の研究によれば、休まずに作業を続けた場合、生産性は3分の1まで下がってしまうそうです。

神経科学の実験では、もし1〜2時間ぐらい続けて作業をしてしまった場合でも、最低15分の休憩さえ取れれば、脳の神経はかなりのレベルまで復活することがわかっています。定期的にブレイクを入れて、脳がパンクしないように注意してください。

注意点4　整理整頓をしすぎない

きれいに整頓された環境は、あなたの集中力を高めてくれます。散らかった場所で作業をすると、そちらに脳の意識が向かってしまい、ムダに処理能力を使ってしまうからです。

しかし、一方では整理整頓にこだわりすぎるのも考えもの。あまりにきれいな環境を目指すと、今度は少しの汚れでも脳が反応しはじめて、やはり頭がパニックを起こすようになります。

整理の目安としては、「必要なものがどこにあるか？」がわかるレベルになっていれば十分。それ以上は整理整頓にこだわっても逆効果なので注意してください。

まとめ

脳は少しの変化でもパニックを起こす繊細な器官。作業の時間・切り替えのタイミングは事前に決めておこう。

フィックス

3

呼吸を変える

ここまで、あなたが「時間が足りない」と思い込んでしまう理由をお伝えしてきました。
あらためてまとめるとこうなります。

原因1　目標のぶつかりあいで生まれる不安
原因2　時間が細切れになったせいで起きるストレス

つまり、せんじ詰めれば、**あなたがうまく時間を使いこなせない理由は2つ。不安とストレスなのです。**

不安とストレスに対処する方法はいろいろありますが、**もっとも効果が高くて簡単なのが「呼吸法」**です。昔から宗教や軍隊の世界などでも使われてきた定番のテクニックで、科学の世界でもストレス対策としての効果が認められています。

呼吸を変えれば時間も変わる

実は最近、**呼吸法によって「時間が足りない感覚」がやわらぐ**ことがわかってきました。

たとえば、アメリカの男女を対象にした実験では、被験者に深呼吸をさせたところ、普通に呼吸をしたグループより15％ほど**時間に余裕がある気持ち**になりました。

この実験で使われた呼吸法は、次のとおりです。

1. 1から5まで数えながらゆっくり息を吸う
2. 1から6まで数えながらゆっくり息を吐く
3. これを10回くり返す

1回の呼吸を11秒かけて行なうことでストレスが減り、そのせいで時間にもゆとりが生まれたようです。こんな手軽に時間の感覚を取り戻せるのですから、試してみない手はないでしょう。

ここまで「呼吸」の効果が高いのは、人間の体が、ゆっくり呼吸しながら緊張できないようにできているからです。

自分の身に危険が迫ると、私たちの体は戦闘態勢に入り、全身に血液を送るために心拍数が上がって呼吸が速くなっていきます。しかし、ここで意識して呼吸を遅くすると、少しずつ心拍数が下がっていき、最後には体の戦闘態勢が解除されていくのです。

人体の「緊張システム」へ直にアクセスできる手段は、ほかにありません。つまり、呼吸というのは、あなたがストレスに対して取れる数少ないハッキング法だと言えます。

スクリーン無呼吸症候群に注意せよ！

呼吸に関して、現代でもっとも怖いのが**「スクリーン無呼吸症候群」**の存在です。これはマイクロソフトのリサーチャーだったリンダ・ストーンが発見した現象で、**スマホやP**

Cの画面を見た多くの人が、反射的に息が浅くなったり、何秒か呼吸を止めてしまう症状を指しています。

アメリカ人を対象に行なった調査では、PCユーザーのおよそ8割に、この現象が確認されたとか。日本での数字はわかりませんが、注意するに越したことはありません。

スマホの画面で呼吸が浅くなるのは、**デジタルの画面が発するブルーライト**のせいだと考えられています。ブルーライトは青い成分を多くふくんだ明るい光で、**人間の脳を覚醒させる働きを持っている**からです。

少しのブルーライトなら問題はないのですが、長い時間スクリーンを見つめていると、やがて脳が興奮状態になり、体が戦闘態勢に入ってしまいます。その結果、さきほど説明したように心拍数が上がり、呼吸が浅くなっていくわけです。

これが長く続くと、当然ですが、体にはいろいろな悪影響が出ます。呼吸が浅くなれば脳に酸素が行き渡らなくなり、やがて不安や記憶力の低下などが発生。そのストレスにより、いよいよ**時間不足の感覚は悪化**していきます。もし「スクリーン無呼吸症候群」の心当たりがあるようだったら、次のステップで確認してみてください。

ステップ1　定期的に呼吸の変化に気を配る

スマホでSNSやネットを見るたびに、「いまちゃんと呼吸をしているか？」「呼吸を止めてないか？」と自分に問いかける。もし呼吸が浅くなっていたら、すぐに2～3回の深呼吸をする。

ステップ2　呼吸が浅くなりやすいタスクを記録しておく

「LINEの返信」や「スマホのゲーム」のように、自分がスクリーン無呼吸症候群に入りがちな場面をメモしておきます。

ステップ3　深呼吸を習慣づける

スマホのロックを解除する前に深呼吸。メールを一文書くたびに深呼吸、SNSに返信をする前にも深呼吸……、といったように、自分の呼吸が浅くなりがちな場面で深呼吸する

ように習慣づけてみましょう。

くり返しになりますが、デジタルの画面から出るブルーライトは、現代ではあなたの呼吸を乱す最大の原因のひとつです。ぜひ日ごろから意識してみてください。

○まずはパワーブリージングを極めよう

さきほど紹介した実験では「1回11秒」の呼吸法を使っていましたが、いざ時間が足りない焦りを感じたときに、いちいち秒数を計るのはめんどうなものです。

しかし、実はそこまで正確な呼吸法でなくとも、十分に不安を癒やす効果は得られます。もっとも手軽なのは、『スーパーベターになろう！』などの本で有名なジェイン・マクゴニガルが勧める**「パワーブリージング」**でしょう。

その方法はとても簡単で、

- **息を吸った長さの倍の時間で吐く**

これだけです。たとえば**4秒で息を吸ったら8秒で吐けばいいし、1秒で吸ったら2秒で吐ききりましょう**。正確な秒数がわからなくても、なんとなく吐く息のほうを長くするイメージで構いません。マクゴニガルの調査によれば、「パワーブリージング」を実践するとすぐに不安が大きく減り、なかには偏頭痛が治った人もいたそうです。

「パワーブリージング」が効果的なのは、そもそも私たちの体が、息を吸うときには血圧が上がって緊張状態になり、逆に息を吐くときには血圧が下がってリラックス状態に入る仕組みになっているから。そのため、**意識して吐く息を長くすると、自然にリラックス状態のほうが優位に切り替わっていく**のです。

実際、多くの研究でも、リラックス状態に入った人は、自分でも気づかないうちに呼吸のバランスが1：2になっていく傾向が確認されています。もしも時間が足りなくて焦ってしまうようなことがあったら、「とにかく吐く息の長さを倍にするぞ！」とだけ思い出してみましょう。

科学が認めた5つのすごい呼吸法

「パワーブリージング」は強力なテクニックですが、あくまで短期的な効果しかないため、緊急避難用の手段に使うのがベスト。呼吸が持つ本来のポテンシャルを活かすには、つね日ごろからもっと複雑なトレーニングをくり返しておくことをおすすめします。

そのほうが、いざという時に脳がパニックを起こさずにすむようになるからです。

そこでここからは、**科学的に効果が検証された「呼吸法」**を、レベルごとに紹介していきます。いくつか試してみて、自分の感覚にしっくりくるものがあったら、ぜひ定期的にトレーニングしてみてください。

トレーニングの時間は1日5分でも十分。この時間が長くなるほど脳がパニックを起こしにくくなりますが、まずは少しずつでも毎日続けるほうが大事です。

レベル1　サマ・ヴリッティ（等間隔呼吸法）

ヨガの世界では昔から定番の呼吸法です。具体的には、

1．4秒かけて鼻から吸う
2．4秒かけて鼻から吐く

このパターンをくり返すだけ。とてもシンプルな方法ですが、コロンビア大学が行なった実験では、**血圧の低下やストレス解消の効果**が確認されています。何度か実践して慣れてきたら、8秒で吸って8秒で吐くぐらいまで間隔を伸ばしていくといいでしょう。

ちなみに、アップルウォッチなどには、サマ・ヴリッティをトレーニングできるアプリがデフォルトで搭載されています。お持ちの方はぜひ試してみてください。

レベル2　腹式呼吸

意識してお腹に空気を送り込む定番の呼吸法です。有名なテクニックなだけに多くの検証が行なわれており、定期的なトレーニングにより、**脳がストレスに強くなる**ことがわか

っています。

実験で使われている正式なトレーニング法は次のとおりです。

1. 右手を胸元に置く
2. 左手を腹に置く
3. 6~10秒をかけて鼻から息を吸う
4. 胸をふくらまさないように、横隔膜のふくらみを意識する
5. 6~10秒をかけて鼻から息を吐く

以上のトレーニングを、試しに1日10分ずつ6~8週間続けてみてください。

レベル3　片鼻呼吸法

こちらもヨガでは定番の呼吸法です。**リラックスだけでなく集中力アップや眠気覚ましの効果**が認められています。

具体的な方法は次のようになります。

片鼻呼吸法

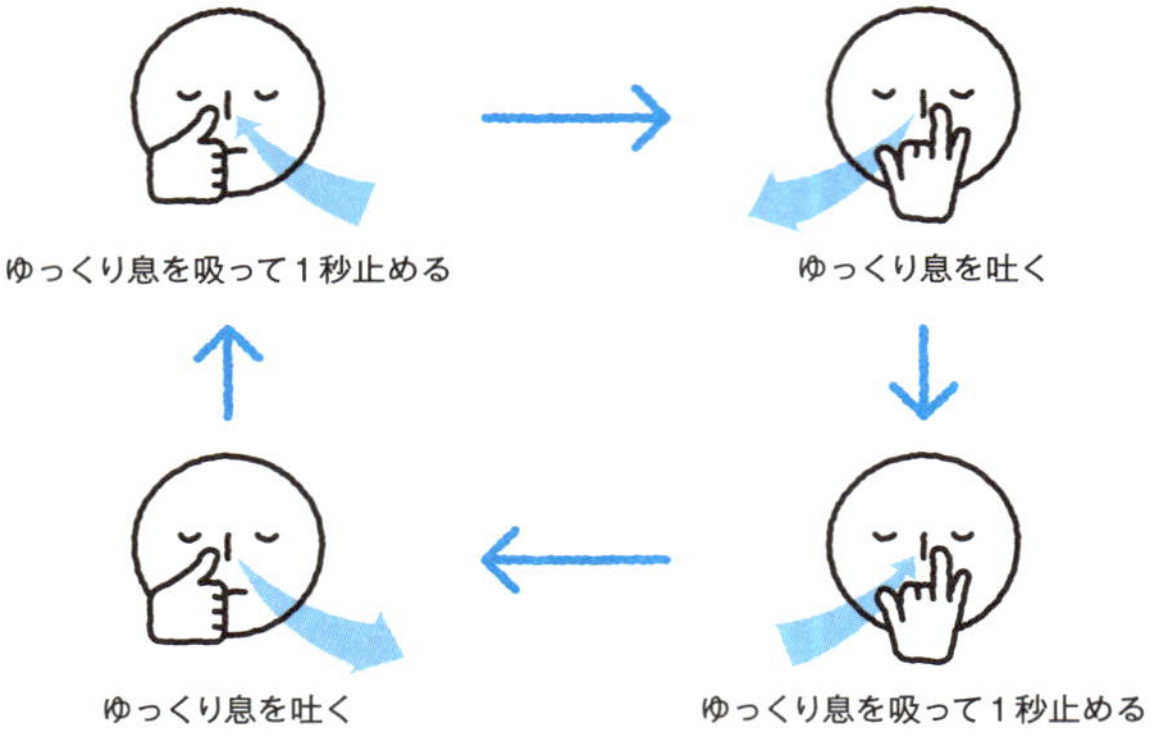
ゆっくり息を吸って１秒止める
ゆっくり息を吐く
ゆっくり息を吸って１秒止める
ゆっくり息を吐く

1. 右手の親指で右の鼻の穴を押さえる
2. 左の鼻の穴からゆっくり息を吸う
3. １秒だけ息を止める
4. 右手の薬指で左の鼻の穴を押さえる
5. 右の鼻の穴からゆっくり息を吐く
6. 右の鼻の穴からゆっくり息を吸う
7. １秒だけ息を止める
8. 右手の親指で右の鼻の穴を押さえる
9. 左の鼻の穴からゆっくり息を吐く

以上がワンセットです。呼吸の長さは特に決まっていませんが、最初のうちは、4秒かけて息を吸い、4秒かけて息を吐くところからスタートして、少しずつ間隔を伸ばしていくのがおすすめです。

学生を対象にした研究では、1日1時間の片鼻呼吸法をトレーニングしたところ、6週間で脳が大幅にストレスに強くなりました。さすがに1日1時間は厳しいので、まずは1日15~20分ぐらいから試してみましょう。

レベル4　カパーラバーティ

昔から、ヨガの世界では心を整えるために使われてきたテクニックです。スピードが違う呼吸を組み合わせて行なうため、リラックス系と興奮系の神経を同時に刺激。体にエネルギーがみなぎったような感覚が得られ、**少しのトラブルでは動揺しない脳を作る**ことができます。

方法は次のとおりです。

1. 背筋を伸ばして座る
2. 鼻からゆっくりと息を吸う
3. 下っ腹に力を込めて、鼻から一気にシュッと息を吐き出す
4. 以上の呼吸を10回くり返す

一部の研究では、「片鼻呼吸法」よりも集中力や活力があがりやすいとの結果も出ており、レベル3に慣れたら「カパーラバーティ」に移動してみるといいでしょう。こちらも1日15~20分のトレーニングで十分です。

レベル5　スダルシャンクリヤ

数パターンの呼吸法を組み合わせて行なうテクニックで、実際に一部の心理療法の世界で使われているほど効果が認められた方法です。

ある実験でも、うつ病の患者がスダルシャンクリヤを8週間トレーニングしたところ、症状が大幅に改善したとの結果が出ています。タフな脳を作るためには、うってつけの方法でしょう。

スダルシャンクリヤは、大きく3パターンの呼吸法を使います。

1．勝利の呼吸：1分間に3~4回のペースでゆっくりと呼吸を続ける。その際の意識は、

呼吸が鼻やノドを通り抜ける感覚に集中する。

2. 肺呼吸：3〜5分ぐらい「勝利の呼吸」を続けたら、今度は1分に30回の短いペースですばやく呼吸を行なう。

3. チャンティング：肺呼吸を1〜2分続けた後、腹の底から「アー」と言いながら、できるだけ長く息を吐ききる。これを3回くり返す。

これでワンセットです。最初は1日に1回のスダルシャンクリヤを行ない、少しずつセット数を増やしていきましょう。

まとめ

時間が足りない感覚は呼吸法によってやわらぐ。まずは、手軽な「パワーブリージング」を試してみよう。

フィックス 4

リフレーミング

呼吸法に慣れてきたら、次にやっていただきたいのが**「リフレーミング」**です。

たとえば、あなたがスーパーの行列に並んでいたときに、急に横から知らない男性が割り込んできて、何も言わずにレジにカゴを置いたとしましょう。普通なら「なんだこいつ！」と思ってしまう状況ですが、ここで次のように考えてみます。

「もしかしたら、この人は奥さんが病気で倒れて忙しいのかもしれない。焦って周りが見えなくなっているんだろう」

どうでしょう？　確実に怒りが消えるまではいかないでしょうが、少しはイライラがやわらぐのではないでしょうか？

これが、リフレーミングです。**嫌な状況を前向きに解釈することで、ネガティブな感情に立ち向かうテクニック**を意味しています。

心理学の世界では、うつ病の治療などにも使われてきた有名な方法ですが、実は近年では**「時間不足」の感覚を癒やす効果**もあることがわかってきました。アメリカで行なわれた実験では、リフレーミングを使った被験者は、何もしなかったときとくらべて時間不足の感覚が25％もやわらいだそうです。

この実験では、時間のプレッシャーに悩む人たちに、こんな指示をしています。

1. **時間がなくて焦りを感じたら、「自分はワクワクしているだけだ」と声に出してみる**
2. **同じセリフを3回くり返して、自分が言ったことを信じこむように努力する**

自分の**焦りを「ワクワク感」だと解釈し直して、なかば強引に時間不足のストレスをやわらげてしまう**わけです。決まったセリフを言うだけでも効果が出るのだから、やってみない手はないでしょう。

○リフレーミングが効果的な理由とは？

リフレーミングの効果は、別の研究でも確認されています。

ハーバード大学が行なった実験では、学生たちを「カラオケ」「人前でのスピーチ」「数学テスト」のような、緊張や不安を感じやすい活動に参加させました。

その際に、学生に**「不安になったら『興奮してきた！』と叫んでみてください」と指示したところ、なんとカラオケやスピーチの評価が17％上がり、数学テストの成績は22％も良くなった**のです。

これだけリフレーミングの効果が高いのは、実は**「不安」も「興奮」も、私たちの体に起きる変化は同じ**だからです。

心配でドキドキしたときも、楽しさでワクワクしたときも同じように心拍数は上がっていき、人間の体は、次の行動に備えて準備を始めます。つまり、あなたがどんな感情を持つかは、体の変化を脳がどのように解釈するかで決まってしまうのです。

それならば、**何もせずに不安のままでいるよりは、強引にでもポジティブな解釈に切り替えてしまったほうがいい**でしょう。これがリフレーミングの考え方です。

感覚のラベリング

しかし、そうはいっても「実際に不安を感じているのに、そう簡単に心を切り替えられないよ……」と思う人も多いのではないでしょうか。ネガティブな感情は「脳のクセ」のようなものなので、慣れ親しんだ心の動きはなかなか変えづらいものです。

そんなときはリフレーミングの前に、まず「不安も興奮も体で起きていることは同じ」という事実を思い出してみましょう。それから、「胸がドキドキしてきた……」や「なんだかおでこが熱くなってきた……」のように、**自分の体に起きている変化を言葉で説明**していってください。

これは**「感覚のラベリング」と呼ばれる手法**で、リフレーミングを実践する手前の段階でよく使われます。不安、焦り、怒り、悲しみなどがわいてきたら、ただ感情に流されるのではなく、「胸がカッと熱くなっている……」や「呼吸が浅くなってきた……」など、**できるだけ細かく自分の状態を説明していくのがポイント**です。

実際にやってみるとわかりますが、ラベリングを何度かくり返すうちに、自然とネガティブな感情は治まっていきます。急に脳の解釈を変えるのが難しくても、体の感覚を言葉にするだけなら誰でもできるでしょう。

「感覚のラベリング」に慣れてきたら、気持ちが落ち着いたところで「リフレーミング」に取りかかってみてください。前よりもポジティブな解釈がしやすくなったことに気づくはずです。

リフレーミングを確実に実践する3ステップ

ここまで来れば、あなたはいつでも「リフレーミング」を実践し、時間感覚のゆがみに立ち向かえるようになっています。いったん、正しくリフレーミングを行なうまでのステップをおさらいしておきましょう。

［ リフレーミング実践3ステップ ］

ステップ1 ｜ 深呼吸

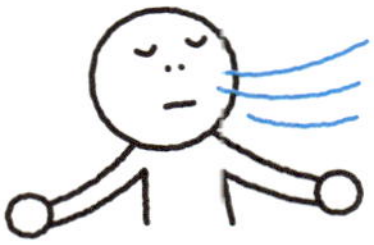

「パワーブリージング」（95ページ参照）を意識しながら、深い呼吸を3回やれば十分

時間のプレッシャーに襲われたら、まずは深く呼吸をして脳に酸素を送り込み、ネガティブな感情にメンタルが乗っ取られるのを防ぐ

ステップ2 ｜ 感覚のラベリング

「アゴがこわばっている」や「手が汗ばんでいる」など、最低でも5～10種類の変化を言葉にしてみる

時間のプレッシャーにより、自分の体にどんな変化が起きたかをチェックしていく

ステップ3 ｜ リフレーミング

「ワクワクしている！」「興奮してきた！」「集中力が上がってきた！」など、自分の感覚にしっくりくるフレーズを選ぶと効果が高まる

最後に、自分の感情をリフレーミングする

もちろん、慣れてきたら、いきなりリフレーミングに取りかかっても構いません。しかし、最初のうちはネガティブな感情に流されてしまいがちなので、以上のステップを踏むように意識したほうがスムーズにいくでしょう。

インナーパーソナリティリストを作ろう

誰でも、自分のなかに複数のキャラクターを持っています。

普段は人見知りだけど飲み会では陽気な性格になったり、いつもは陽気な人が上司の前では急にマジメになったり……。

どの人格が本当でウソというわけではなく、すべてのキャラはその人の一部。**状況に応じて、無意識のうちにキャラクターを切り替えているだけ**です。

実は、このキャラの切り替えを意図的に行なうことで、**「リフレーミング」の効果をさらに高める方法**があります。心理学の世界では**「インナーパーソナリティ」と呼ばれるテクニック**です。

たとえば、会社の上司や同僚から変な視線を送られたときに、普段の自分だったら、反射的に「自分が何か間違ったことをしたのかも……」と気に病んでしまうとしましょう。しかし、ここで「無邪気な子供」のキャラに切り替えることができれば、「なんだかヘンな顔をしてた！」ぐらいの解釈で簡単に流すことができるでしょう。

つまり、**別のキャラクターを起動させて、その状況を別の視点からリフレーミングできる**ようになったわけです。

「インナーパーソナリティ」を使いこなすには、まず自分の内面にいるキャラクターを把握しなければなりません。

といっても難しい作業は不要で、普段の自分の行動を思い出しながら、複数のパーソナリティをリストアップしていくだけで十分です。「優しい自分」「ダラダラする自分」「冷静に行動する自分」「ズルイ自分」など、**自分の性格のバリエーション**を思いつくだけ紙に書き出してみてください。

そのパーソナリティが正しいかどうかは、直感に従ってください。**リストを見て「この自分はよくある！」と思えれば、それが正解です**。くれぐれも、自分のなかに存在しないキャラを書かないように注意しましょう。

研究データによれば、「インナーパーソナリティ」の実験に参加した被験者は、平均で11パターンのキャラを思いつくことが多いようです。そのうち、およそ44％はネガティブな性質で、56％がポジティブな性質でした。

参考までに、多くの人がリストアップしたパーソナリティの例をあげておきます。

- **何かに反抗する自分**
- **管理者としての自分**
- **子供のように喜ぶ自分**
- **自分を批判する自分**
- **傷つきやすい自分**

もしインナーパーソナリティが思いつかない人は、この5つをベースにしながら、普段の自分の行動と照らし合わせてみてください。

おもしろいことに、ある研究では、インナーパーソナリティリストを作っただけでも、被験者の幸福度は上がったそうです。

おそらく、自分のなかに複数のキャラがいる事実を認識できたせいで、ものごとをいろいろな視点から見られるようになったのでしょう。おかげでリフレーミングがうまくいき、ストレスに強い脳に生まれ変わったというわけです。

ちなみに、このインナーパーソナリティリストは、書き出したキャラの数が増えるほど幸福度が高まりやすいこともわかっています。無理して自分に無いキャラを書くのはダメですが、定期的にリストを見直して、もっと別のパーソナリティがいないかをチェックしてみるのも楽しいでしょう。

セネカ式「不安の対処法」

人間の不安はとても根深い感情です。いかに呼吸法やリフレーミングが上手くなっても、やはりある程度の不安が残ってしまうケースはよくあります。

そこで知っておきたいのが、**古代ギリシアの哲人セネカ**が残した、こんな言葉です。

「怒りを感じたときは、怒りとは正反対の行動をしなさい。顔の筋肉をリラックスさせ、声をおだやかにやわらげ、ゆっくりしたペースで歩くのです。

そうすれば、わたしたちの内面は、すぐに外面の状態に追いつこうとし始めます。そして、怒りは消え去るのです」

まるで自分が怒っていないかのように振る舞えば、やがて内面もそれに合わせていくというわけです。

実は、セネカが2000年以上も前に編み出したテクニックは、現代の科学でも正しさが証明されつつあります。複数の実験により、私たちの感情は行動によって大きく左右されていることがわかってきたからです。

なかでも、このテクニックがよく使われるのは**「認知行動療法」**の世界でしょう。世界的な心理学者のアーロン・ベック博士は、不安を感じたときの対策として、次のステップを勧めています。

ステップ1．まずは自分の不安を「誰にでもある自然なもの」だと認める

ステップ2. 不安が存在しないかのように、不安を感じたまま堂々と振る舞う

本当はどれだけ激しい不安を感じていても、あたかもその感情を克服したかのように、なんの問題もないかのようなフリをして行動をするのがポイント。そうするうちに、少しずつ不安はやわらいでいき、やがて時間のプレッシャーも消えていきます。やはりセネカは正しかったのです。

ただし、**「自分が不安を感じている」という事実そのものは否定しない**でください。あくまでも**自分の不安を認めながら、それでも不安がないかのように行動する**のが、とても大事なポイントです。

さもないと、強引に押さえつけた不安は知らないうちにふくれ上がり、やがて大爆発を起こす可能性があります。気をつけてください。

まとめ

時間のプレッシャーでドキドキしてきたら、「ワクワクしてきた!」「興奮してきた!」と声に出そう。

フィックス 5

親切

時間術のひとつに**「親切」**が入っているのは、意外に感じられるかもしれません。ただでさえ余裕がないのに、他人のために時間を使うヒマなんてない、と思ってしまうのが普通でしょう。

しかし、それは心理学的には完全に逆の話。本当は、**他人のために時間を割いたほうが、自分の時間を有効に使える**ようになるのです。

その事実を確かめたのが、イェール大学による研究です。実験では、被験者に2種類の指示を出しました。

1．自分がやりたいことをやる

2．他人のためになることをやる

「自分がやりたいこと」をしたグループは、ToDoリストの作業をこなしたり、化粧をしたり、映画を見たり、行きたかったレストランを訪ねてみたりと、それぞれが好きなことを選びました。

一方で「他人のためになること」をしたグループは、公園のゴミをひろったり、隣に住む人の庭掃除を手伝ったり、友人や妻のために料理をしたり、独り暮らしの祖母に感謝の手紙を書いたりと、なんらかの形で人の役に立つ作業を選んでいます。

その後、被験者の時間感覚を調べたところ、おもしろい違いが現れました。**他人のために時間を使った人**は「この先やりたいことがなんでもできそう」や「残された時間がたくさんある」と答える確率が激増。**最大で2倍も時間の感覚が伸びた**のです。

さらに、その後で被験者の仕事ぶりを確かめてみると、**他人に親切にした人ほど生産性もアップ**していました。どうやら、他人から感謝されたせいでモチベーションが上がり、仕事にも前向きになったようです。

この現象を、心理学では「自己効力感」と言います。「自分は何か大事なことをなしとげられる」という自信のような感覚です。

もちろん、あまった時間にマッサージに行くのも、細かいＴｏＤｏリストをこなすのも良いことです。しかし、それでは「自己効力感」を増すことはできません。

ＴｏＤｏリストの作業を１つか２つ終わらせれば達成感は得られるかもしれませんが、そのせいでリストにはまだ大量のタスクが残っていた事実を思い出し、逆に気分が落ち込んでしまうケースもよくあるでしょう。

その一方で、他人を助けるという行動は、誰かの役に立ったという確かな手応えを与えてくれます。この感覚が自己効力感をアップさせ、最後は時間不足のストレスを減らしてくれるわけです。

時間のプレッシャーから解放されるうえに、仕事のスピードまで上がるのですから、まさに**「親切」は最強のタイムマネージメントのひとつ**でしょう。「情けは人のためならず」

とはよく言ったものです。

正しく親切をする5つのポイント

「他人のために時間を使う」といっても、急に大がかりなボランティアに参加する必要はありません。あまり深刻に考えずに、ときどき他人のことを考えて行動をするだけでも効果は得られます。

心理学の世界では、「親切」の効果を正しく得るために、以下の5つのポイントを重視しています。くわしくご紹介しましょう。

1. まずは相手に共感する

手始めに**一番大事なのが「共感」**です。

友人に何かいいことがあったら、どれだけ自分もうれしい気持ちになったかを伝える。逆に相手に悩み事やトラブルがあったら、どれだけ自分が不安な気持ちになったかを言葉にして言う。

これだけでも、他人への親切としては十分に機能します。友人のトラブルを解決しようと頑張る必要はありません。**向こうの状況に対して、こちらがどんな気持ちを持ったかをしっかり言葉に出す**のがもっとも重要なポイントです。

2. 相手のミスに寛容になる

大事なものを失くしてしまった、会社に損害を与えてしまった、仕事で間違った発注をしてしまった……。

そのような大きいミスをした人がいたら、優しい言葉をかけてあげるのも正しい「親切」の一例です。「誰にでもそういうことはある」や「自分も同じ失敗をした」などと声をかけてあげれば、向こうの気分がよくなるだけでなく、あなたのメンタル改善にもつながっていきます。

この時に、**相手の失敗を解決しようと試みたり、「失敗から学ぶのが大事」などのアドバイスを送るのは逆効果。ただひたすらに寛容な言葉をかけてあげるのが、心理学的には正しい「親切」**です。

3. 他人の人生にポジティブな影響をあたえる

「他人の人生」といっても大げさな話ではありません。

たとえば、「友人をランチに誘う」や「迷った人に道順を教えてあげる」など、それぐらいのレベルで構いません。多くの実験では、本当に小さな親切のレベルでも、しっかりと効果が出ています。なんでもいいので、**他人にポジティブなことをする**ように心がけてみてください。

4. 他人に害がある行為は全力で避ける

意外と見過ごされがちなのが、「他人への害を避ける」というポイントです。

「親切」というと、つい誰かのために時間を使うことばかりを考えてしまいますが、実は**「人にネガティブなことをしない」**と意識して気をつけるだけでも、あなたのメンタルは確実にストレスに強くなります。

たとえば、「自分が怒りそうになったら静かにその場から立ち去る」のもいいですし、「会話が白熱して嫌なことを言いそうになったら深呼吸する」のもいいでしょう。人間は知らずに他人を傷つけがちな生き物なので、相手が嫌な気持ちになることを避けていくだけでも、れっきとした「親切」になるのです。

5. わがままな行動をガマンする

私たちの心は、基本的に自分のことばかり考えて生きるように作られています。これは人間の基本的な性質なので、どうすることもできません。

しかし、これを逆に考えれば、**「他人を中心に考えてみる」**だけでも簡単にあなたの希少価値は上がり、「親切」の効果もアップすることになります。

「待ち合わせの時間をちゃんと守る」「いやだと言いたくなる気持ちを抑える」「相手が忙しい時間に連絡しない」……。ちょっとだけ向こうの気持ちを考えて行動すれば、それも心理学的には「親切」としてカウントされます。

ヘルパーズハイを目指せ！

ここまで正しい「親切」のポイントを見てきました。研究によれば、あくまで大きな親切は必要なく、**1日5分の親切でも時間感覚には十分な変化**が起きています。自分にやれる範囲で小さな親切を積み重ねていけばいいのです。

具体的に「小さな親切」の例を紹介しておきましょう。

・SNSで友人の投稿に「いいね！」をつける
・職場の同僚にお菓子を配る
・家族に雑談の電話をする
・後ろの人のためにドアを開けてあげる
・道に落ちていたゴミをひろう
・コンビニで100円を募金する
・人の話を熱心に聞く
・誰かの役に立つ記事をブログに書く
・読み終わった本を図書館に寄付する

「それぐらいでいいの？」と思われるかもしれませんが、以上の事例は、すべて実際の研

究で効果が確認されたものです。

ある実験では、このレベルの小さな親切を6週間にわたって続けた被験者は気分が大きく改善し、なかにはうつ病が寛解したケースまでありました。小さな親切には、そこまでの効果があるのです。


ここまで「小さな親切」でメンタルが改善するのは、**脳にドーパミンというホルモンが分泌されるから**です。ドーパミンは神経伝達物質のひとつで、私たちのモチベーションを上げて、仕事や学習の能力を高める働きを持っています。

他人に親切にすると、脳が「誰かの役に立った！」との快感を得て、その瞬間に大量のドーパミンが分泌。一気に自分のなかにやる気が生まれ、ストレスに強くなり、最終的には時間が伸びたかのような感覚につながっていきます。

ポジティブ心理学の第一人者であるソニア・リュボミアスキー博士は、この状態を**「ヘルパーズハイ」**と呼んでいます。ランニングを続けるうちに幸せな気分になっていく現象を「ランナーズハイ」と言いますが、その「親切」バージョンのようなものです。

リュボミアスキー博士によれば、まずは小さな親切を1カ月だけ試すのが大事とのこと。

それだけで、あなたの時間不足は格段に改善していきます。

○親切を正しく使う4つのコツ

「親切」はメンタルの安定に欠かせないツールですが、薬に正しい用量用法があるように、人のために時間を使いすぎるのもよくありません。事実、多くの研究では、**「親切」のしすぎでメンタルに悪影響が出てしまうケース**も確認されているからです。

「親切」の正しい用量用法を守るためのポイントは4つあります。

1．自分を犠牲にしてまで相手を助けない

まずありがちなのが、自分の時間を必要以上に割いてまで、他人を助けようとしてしまうケースです。

その気持ちは尊いものですが、ある研究によれば、仕事で他人の手助けばかりしている人は、最終的にはその負担に耐え切れなくなって、ワークライフバランスが崩壊してしま

う確率が高くなりました。手伝いすぎはストレスを高め、健康まで損なってしまう可能性があります。

正しい「親切」は、投資の考え方と同じ。あくまで投資は余った資金で行なうのが正しいのと同じように、「親切」も**余ったすき間時間を有効に使う**のが大事です。

2.「一日一善」より「週一五善」

運動や勉強は毎日少しずつやるのが基本。たいていのことは日々の積み重ねが大事ですが、こと「親切」に関しては違う結果が出ています。

先のご紹介したリュボミアスキー博士の研究では、1日1回ずつコツコツと人助けをした人よりも、**週に1日だけ5回の親切**をまとめてこなした人のほうが、最終的にはストレスに強くなりやすい傾向がありました。

1日1回ずつコツコツと親切をしていくと、どうしても**個々の行為のインパクトが弱くなります**。そのせいで、自分が他人のために役立った感覚が薄れてしまうのです。この意味で、「一日一善」よりも「週一五善」を目指すのが科学的には正しい態度だと言えます。

3. 親切は1年に100時間まで

1年に費やすべき「親切」の総時間に関しても、おもしろいデータが出ています。

2千人のオーストラリア人を対象に行なわれた研究によれば、

・年に800時間のボランティア活動をした人
・年に100時間だけボランティア活動をした人

の2グループをくらべたところ、「年100時間」の人たちのほうが幸福度が高く、ストレスにも強い傾向がありました。

このほかの研究でも、だいたいこの**「100時間ルール」がベスト**だとの結果が出ており、これより多く他人のために時間を使うと、逆に親切が毎日の負担になってしまい、メンタルには逆効果のようです。

つまり、正しく親切を行なうためには、**1週間に2時間ぐらい**他人のために使えばOK。このレベルを超えないように注意しましょう。

4．自分にとって意味のある「親切」をする

当然ですが、イヤイヤながら他人のために時間を使った場合には、「親切」の効果は得られません。

心理学者ネッタ・ワインスタイン博士の研究によれば、義務的に人助けをした場合は、幸福度アップの効果は消え、ストレスに強いメンタルも育ちません。せっかく「親切」をするのだから、自分にとって意味があるか、あなたの好きな人のために時間を使うか、単純にやっていて楽しい作業をしましょう。

このあたりの感覚は人によって違うので、自分が心から好きだと思えるような行動を選んでください。

まとめ

他人のために時間を使うと自分の時間を有効に使える。週に1日、5回の親切を積み重ねよう。

フィックス
6
スモールゴール

正しく時間を使うには、正しいゴール設定が欠かせません。なんの明確な目標も持たずにがんばっても、どこへ向かっていいのかがわからず、ムダに時間がすぎてしまいます。

そこで6つ目のフィックスが、**「スモールゴール」**です。「リタイアまでに1億円を貯める！」のように大きなゴールを目指すのではなく、「今月は3万円貯金する！」ぐらいの**小さな目標を設定する方法**です。

ひとつ、おもしろい研究をご紹介します。南カリフォルニア大学が、1000人以上の被験者を対象に**「未来の貯金」について考えるように指示**を出した実験です。

研究チームは、被験者を2つのグループに分けました。

1．老後の費用を30年かけて貯めると想像する
2．老後の費用を10950日かけて貯めると想像する

このイメージトレーニングをしばらく行なった後、みんなの貯蓄額を調べたところ、予想以上の変化が起きていました。**1日単位で想像をしたグループは、1年単位で考えたグループより4倍も貯金額が増えていた**のです。

これが「スモールゴール」のパワーです。

いきなり「30年後をイメージしろ」と言われてもピンときませんが、1日単位で考えると急に現実味が出るため、自分のなかに**余裕のある時間感覚**が育ちます。そのおかげで**不安とストレスが消え、結果としてモチベーションもアップ**するわけです。

ウソのスモールゴールでも生産性は上がる

スモールゴールの威力を、もっとも有効に使っているのは、スポーツの世界でしょう。

たとえば、オリンピックを目指す水泳選手などは、「今週はバックストロークの改善だけを目指す」や「次の週は息つぎのテクニックに集中する」といった感じで、ゴールを週単位に区切って、細かく達成感を積み上げていくテクニックをよく使います。

しかし、現実の世界では、大多数の人は大きなゴールにばかり集中して、スモールゴールを見くびる傾向があります。たとえば、700人の管理職を対象にしたある調査では、95％の人が「従業員には長期的なゴールを目指させて、あとは達成度に応じてお金を払うのがベストだ」と答えたとか。これでは生産性が上がるはずもありません。

ハーバード大学のテレサ・アマビール博士によれば、最初は「こんな小さな目標を立ててもたいした影響はない」と思ったことのうち28％は、実際には後でモチベーションを大きく左右する要素になったそうです。スモールゴールを見くびると、後で手痛いしっぺ返しがあると考えたほうが良さそうです。

そこで、スモールゴールを立てる際にまず知っておきたいのが、**「ウソの達成感」でも効果が出る**という点です。

たとえば、ある実験では被験者を2つのグループに分けました。

・「コーヒーを10杯買えば無料で1杯サービス」と書かれたスタンプカードをわたす
・「コーヒーを12杯買えば無料で1杯サービス」と書かれたスタンプカードをわたす。ただし、そのカードには、すでに2つのスタンプが押してある

どちらのグループも、10杯のコーヒーを買わないと無料サービスを受けられないところはまったく同じです。それにも関わらず、「すでに2つのスタンプが押されたカード」をわたされたグループのほうが、コーヒーを買うスピードは格段に速くなりました。

つまり、本当は何も成し遂げていなかったとしても、**ウソの達成感さえうまく作れば時間感覚に余裕ができて、モチベーションが上がっていく**わけです。

スマホのゲームなどで、あくまで架空のポイントがたまっただけだと頭ではわかっているのに、ついつい時間を使ってしまうのも「ニセの達成感」があるからです。どんなことでもいいので、まずは小さな達成感をコツコツと積み上げていきましょう。

○ 正しくスモールゴールを作る3つのポイント

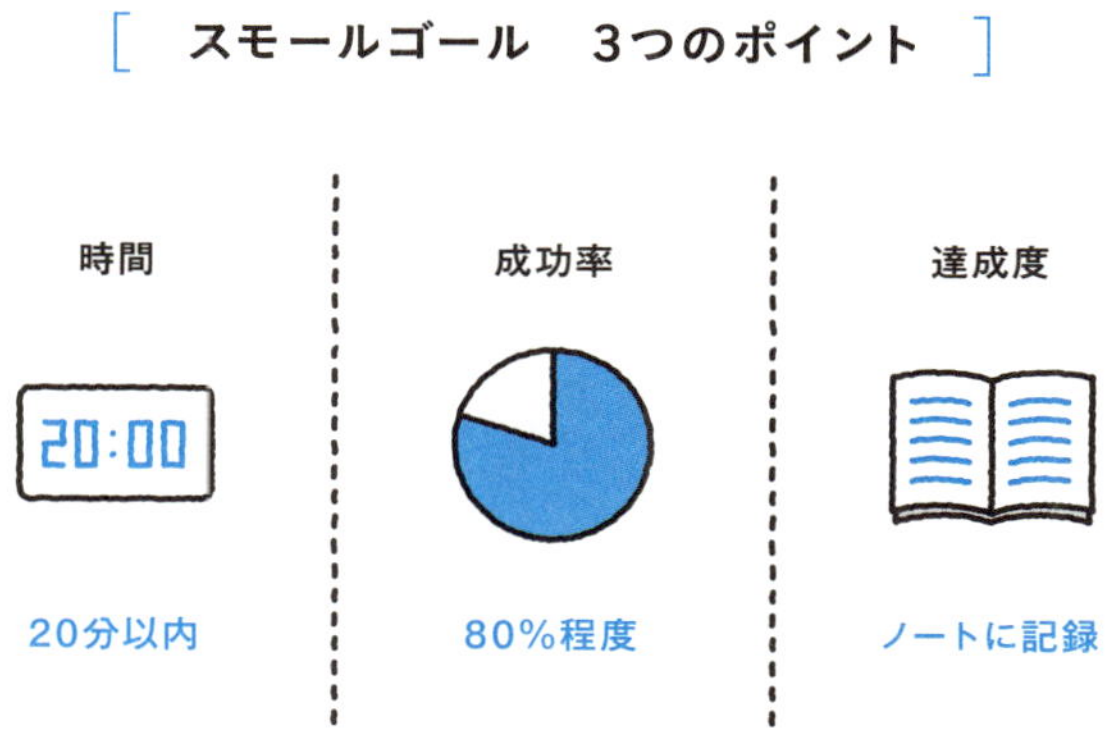

毎日の「スモールゴール」は、自分の将来に役立つことであれば何をしても構いません。野菜を食べる量を100グラム増やす、5分だけエクササイズをする、1日100円ずつ貯金をする……。

どんなに小さな目標でも、毎日着実にこなすたびに、あなたの時間感覚には余裕が生まれていきます。

うまく「スモールゴール」を作るためのポイントは、次の3つです。

1. **最長でも20分で達成できるゴールを作る**
2. **成功率が80%ぐらいの目標を心がける**
3. **自分の達成度を記録したノートを作る**

まず最初に大事なのは、できるだけ**短時間で終わるゴールを設定**することです。先に紹介したアマビール博士の研究でも、**だいたい20分を過ぎたころからスモールゴールの効果は薄れ始め、30分を越えるとメリットが大きく下がってしまう**ことがわかっています。

もちろん、いったん習慣になってしまえばもっと時間を使っても構いませんが、エクササイズや瞑想のように時間のかかるゴールを設定するときは、**まずは1日5分から**スタートして少しずつ長くするように注意してください。

同じように、スモールゴールを作る際は**「成功率80％」を目指す**のも重要です。いつも必ずクリアできるようなアクションゲームを遊びたい人はいないでしょう。あまりにも成功率が高すぎると、逆にモチベーションが下がってしまうからです。

この問題を防ぐためには、ある程度は目標が難しくなければなりません。自分にとって、いつも2割は失敗してしまうような難易度のゴールを設定してください。

最後に**もっとも大事なのは、必ず「自分がどれだけスモールゴールを達成できたか？」を記録すること**です。決めた目標を本当に20分以内にこなせたかどうかや、ゴールの成功率が80%に収まっているかを判断するには、少なくとも2週間は記録をつけてみないとわかりません。

毎日やるべきスモールゴールを決めたら、必ず**達成度と時間を記録に残す**ようにしてください。

○「正しい記録」を続けるのに必須の3つのポイント

くり返しになりますが、スモールゴールをこなして毎日の時間に余裕を持つためには、達成度の記録がもっとも重要です。ゴールまでの進み具合を記録すると、自分がいまどの位置にいるのかがわかりやすくなり、必要な行動を取るタイミングも図りやすくなります。

ただし、何事にもコツがあるように、「記録の仕方」にも、効率を上げるための秘訣があります。スモールゴールの効果がアップする、記録のポイントを見ていきましょう。

1. ゴールに直接関連したものだけを記録すべし

ビギナーがついやってしまいがちなのが、ゴールに関係したものを、いろいろと記録してしまうミスです。

たとえば、「体重を3キロ減らすぞ！」と決めたのに、その日に食べたものを書いてみたり、カロリーを計算してみたりする人がいます。たくさんのデータを残したほうがダイエットに成功しやすいイメージがあるのでしょうが、これは**心理学的には間違ったやり方**です。

多くの研究データによれば、体重を落としたいときは体重だけを記録し、カロリーを減らしたいならカロリーだけを記録し、お金を貯めたいなら毎日の貯金額だけを記録していくのが正解。**書き残すデータはひとつに絞り込んだほうが、あとで余計な情報にまどわされないため成功率も上がります。**

2. パブリックコミットメント

これは、**自分がどれだけ目標を達成できたかを、友人に報告してみたり、ブログやSNSなどに公開してしまう**方法です。ちょっと考えただけでも、ひとりでこっそりと記録を

[記録の仕方　3つのポイント]

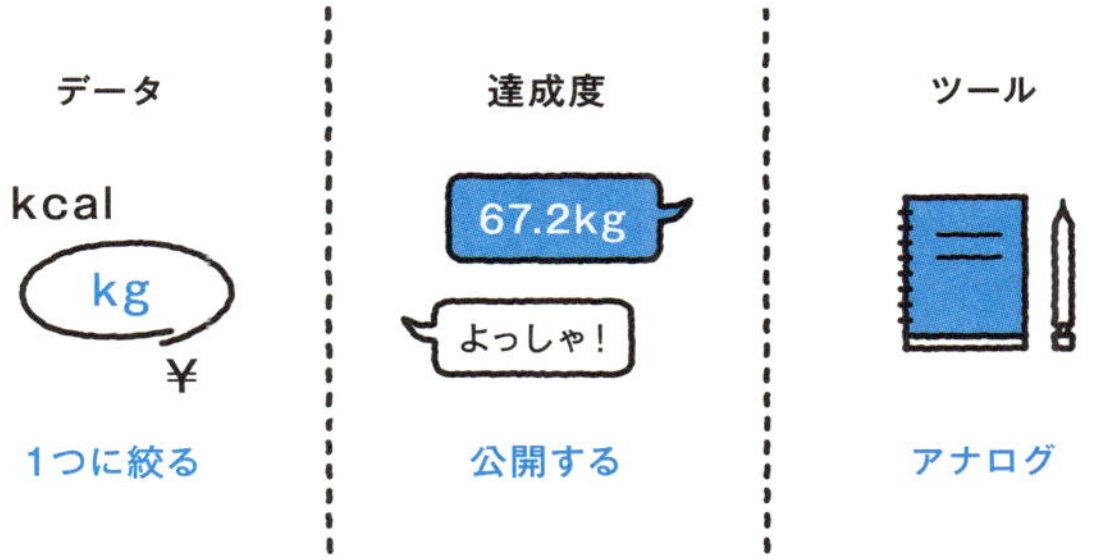

つけるよりも、あとで友人に目標の進み具合をチェックされると思ったほうが、明らかにモチベーションは上がるでしょう。

最近の活動量計にはほぼＳＮＳへのシェア機能がついてますし、なかにはツイッターに体脂肪率を自動でアップする体重計も売られています。このようなガジェットを使って、なかば強引にパブリックコミットメントをしてみるのも手です。

3. アナログを優先すべし

最近はスマホの記録アプリが多数公開されており、貯金、体重、禁煙、運動など、あらゆるゴールを手軽に入力できるようになりました。しかし、実際には、デジタルデバイスを使うよりも、**ノートやメモ用紙などのアナログなツールに手書きで記録を残したほうが効果は高くなります**。

実際、学生を対象にしたある研究では、ラップトップかノートのどちらかでメモを取らせてみたところ、手書きで記録したグループのほうが、その後で圧倒的に多くの内容を思い出すことができました。また、ゴールの達成度についても同じような結果が出ており、やはり手書きのほうが決めた目標をこなす確率が上がったようです。

アナログのほうが有利な理由は、第一に、**目の届く場所にいつも置いておける**ことです。当然ですが、決めたことを確実にこなすには、定期的にゴールの内容を思い出さねばなりません。その点で、確認のためにいちいちアプリを起動するデジタルは不利です。

第二に、**デジタルは「入力が簡単すぎる」**というのも大きなポイントです。

普通ならこれはメリットですが、**あまりにも入力が手軽なせいで、脳が十分に情報を処理する時間が取れなくなり、頭に定着しにくくなってしまいます**。結果として、つい目標を忘れてしまったり、手書きよりもモチベーションが上がらなくなるわけです。

もちろん、記録は長く続けるのが大事なので、デジタルのほうが習慣になりやすいと思えば、スマホやPCを使っても構いません。しかし、そこまで手書きが苦ではないなら、できるだけ紙とペンを使うほうがおすすめです。

ただなんとなく記録をつけていては、せっかくのスモールゴールのメリットも半減してしまいます。以上のポイントを守って、記録の効果を最大限まで高めましょう。

スモールゴールの達成率を高めるコツ

自分に最適なスモールゴールを設定し、ちゃんと毎日の記録もつけ続けているのに、なぜかイマイチ効率が上がらない……。

長くスモールゴールを実践し続けていると、誰でもこのような壁に一度は突き当たります。その理由は人によって違うでしょうが、よくあるのは次のようなパターンでしょう。

・ゴールに関する知識が足りないせいでモチベーションが上がらない

例：どの教材が自分に合っているかがわからないので英語の勉強に手がつかない。

・**周囲に気を散らすような要因が多い**

例：急なミーティング、うるさい同僚、緊急の頼まれごとなど。

・**自分の注意コントロール能力が低い**

例：見たいテレビやスマホの通知があるとすぐに気が散ってしまう。

このような問題が起きたときは、そのままスモールゴールを実践し続けようと思っても簡単にはいきません。そこで、もうひとつ上の目標設定法として使えるのが、**「障害ベースのスモールゴール」と呼ばれるテクニック**です。

まずは具体的なステップをご紹介しましょう。

ステップ1　スモールゴールを設定して紙に書き出す

最初に、自分が決めたスモールゴールを書き出しましょう。ここまでに取り上げたポイントを押さえながら、「1日1つの英単語を覚える」や「10分だけ運動する」など、決めたゴールはすべてリストアップしてください。

ステップ2　ゴールを達成した時のメリットを3つ書き出す

次に、リストアップしたスモールゴールをこなした時に得られるメリットを考えてみます。たとえば「10分だけ運動する」がゴールなら、「健康になれる」「体重が減る」「気分が良くなる」といった感じになります。

ステップ3　ゴールを達成する時の障害を3つ書き出す

今度は、リストアップしたスモールゴールをこなす時に、障害になりそうな問題について考えてみます。「10分だけ運動する」がゴールなら、「運動が疲れる」「仕事が終わって飲みに行きたくなる」「天気が悪い」といったように、自分のライフスタイルのなかで起きそうな障害を考えてください。

ステップ4　もっとも大きな障害を選ぶ

書き出した3つの障害のなかから、「一番邪魔になりそうだなぁ」「これが起きたら目標を実践しなさそうだなぁ」と思うものをひとつだけ選んでください。

ステップ5　あらかじめ障害の対策を決めておく

ステップ４で選んだ最大の障害が起きたときに、すぐに取れそうな対策をあらかじめ考えて紙に書いておきます。

たとえば、「運動は疲れる」というのが最大の障害なら、「運動は疲れると思ったら、とりあえずランニングシューズだけは履いてみる」や「運動は疲れると思ったら、少し外に出て1分だけ歩いてみる」のようになるでしょう。

「ダイエット中なのにケーキを食べたくなる！」が最大の障害だったときは、「ケーキを食べたくなったら、代わりにガムを噛む」や「ケーキを食べたくなったら、軽く運動してみる」と設定するのも効果的です。

ポイントは、自分がハマってしまいそうな罠を前もって理解しておき、代わりになる行動を決めておくこと。何も考えないまま障害が起きるとあたふたしてしまいますが、あらかじめ対策を用意しておけば、余裕を持って対処できるようになります。

ドイツで行なわれた実験では、この「障害ベースのスモールゴール」を使った被験者は、普通に小さなゴールを書き出したときよりも、エクササイズを続ける確率が30％もアップしていました。もしスモールゴールにつまづくケースが増えたら、ぜひ「障害ベースにできないか？」と考えてみてください。

まとめ

小さな達成感を積み重ねると時間感覚に余裕が生まれ、モチベーションと生産性も向上する。

フィックス

7

自然

最後のフィックスは**「自然」**です。

これも一般的な時間術には登場しない要素ですが、ここ数年の研究により、**「時間不足」の感覚を癒す効果が高い**ことがわかっています。

たとえば、スタンフォード大学が学生を対象に行なった実験では、被験者に2種類の動画を**60秒だけ**見てもらいました。

1．幸福な気分になる動画（群衆が楽しそうな表情で旗を振っている様子など）

2．壮大な自然の動画（巨大な滝、クジラ、宇宙の映像など）

その後で学生たちの時間感覚を調べたところ、結果は予想を超えるものでした。壮大な自然の動画を見たグループは、幸福な気分になる動画を見たグループより、**66%も時間が長くなったような感覚に変わった**のです。たった60秒で、ここまで時間の感覚に余裕を持てるツールはほかにありません。

「自然」が時間の余裕を生むのは、私たちの心が日常から切り離されるからです。

もともと人間は古代のサバンナやジャングルで進化してきた生き物なので、無意識のうちに自然の光景にひきつけられ、知らずのうちに大きな安心感を感じる性質を持っています。そのため、自然を見ると反射的に注意がそちらへ向かい、日常の不安やストレスから解放された結果として心にも余裕が生まれるわけです。

また、森林や大海などの壮大な自然を前にして、まるで自分がちっぽけな存在になったかのような感覚を味わったことがある人も多いでしょう。この感覚も、時間不足を解消するのに役立つ要素のひとつです。

自分が小さな存在だと感じると、私たちのなかには客観的な視点が生まれ、日常のトラブルを外から冷静に観察できるようになっていきます。つまり、自然に触れる作業は、1

04ページでお伝えした「リフレーミング」の効果も持つのです。
毎日の時間が足りないと思ったら、逆に自然と触れ合う時間を増やすことを考えてみてください。

まずは1日60秒の動画タイムから

もしあなたがいままでアウトドアと無縁の暮らしをしてきた場合は、急に登山やキャンプに行くのは難しいでしょう。そこで、ここからは、毎日の生活で**「自然」との触れ合いを少しずつ増やしてく方法**を段階的にご紹介します。

まず最初に誰でもできるのが、**自然の動画を見る**ことです。先ほど取り上げた研究にもあったとおり、たった60秒だけでもあなたは時間に余裕を持てるようになります。

「ナショナルジオグラフィック」や**「アニマルプラネット」**のような定番のネイチャーチャンネルを見てもいいでしょうし、最近では多数の作家が壮大な自然の映像を無料でネットに公開しています。

©Sirish B C/500px/amanaimages

とくにVimeoのような投稿サイトでは、ハイビジョン撮影の高画質な自然の動画を無料で楽しむことが可能です。お気に入りの作家を検索しつつ、**まずは1日60秒の動画タイム**から始めてみましょう。

スマホの壁紙を自然の光景に変えるのも効果あり

また、もうひとつ手軽にできるのが、**スマホの壁紙を森や海の写真に変えておく**方法です。「それだけでいいの?」と思われるかもしれませんが、実は私たちのメンタルは、たんに自然の写真を眺めるだけでも大きく改善します。

オランダで行なわれた実験によれば、森や海などの自然の写真を1～2枚ずつ見せられた被験者は、都会の写真を見たグループにくらべて、すぐに心拍数がゆったりとしたリズムに変わり、その後で行なった作業の効率も大きく上がりました。

自然の音や匂いなどの要素がなくても、目で見ただけでもストレスレベルは大幅に下がります。時間が足りない焦りを感じたら、スマホに設定した自然の画像を見るだけでも、かなりの効果が得られるはずです。

15分だけ自然の中でボーっとしてみよう

続いておすすめしたいのが、**自然の中でただくつろぐ**ことです。ただ木々を見ながらボーっとするもよし、風の音を聞きつつ読書やお茶を楽しむもよし、なんでもいいので**1日15分を目安に自然に身を置いてみてください**。

場所は森やビーチなどが理想ですが、別に近所の公園でも構いません。フィンランド政府が行なったリサーチでも、15分だけ公園のベンチに座っただけでも、気分が大きく改善する効果が確認されています。

どんな都会でも、必ず近所に公園ぐらいはあるはずです。会社の昼休みや仕事終わりなど、ちょっとした時間を見つけて公園でリラックスしてください。そのたった15分が、後であなたに大きなリターンをもたらしてくれます。

しかし、自然のメリットはストレス解消の効果だけではありません。もっと自然のパワーを引き出したいなら、**「ウォーキング」を組み合わせてみましょう**。

ある研究では、一般の男女を「街中を散歩するグループ」と「公園を散歩するグループ」の2つに分けました。すると45分後、公園を歩いたグループは、**20%もイキイキした気分が高まり、創造性までアップした**というのです。

さらに、スタンフォード大学からは、**公園のウォーキングで頭が良くなったとの報告**も出ています。こちらの実験では、公園を50分歩いた被験者は**集中力が上がり、ワーキングメモリの機能が向上**。ウォーキングの時間を90分に増やした場合は、さらにネガティブな思考がわきにくくなったそうです。

ワーキングメモリは、とても短い間だけ頭のなかに物事を記憶しておく脳の機能。仕事を効率的にこなすときはもちろん、買い物リストを覚えたり、コミュニケーションをうまく進めたりなど、生活のあらゆる場面で重要になります。簡単に言えば、ワーキングメモリが向上すれば、頭も良くなるわけです。

もっとも、さすがに1日90分も歩くのは現実的ではありません。**まずは1日15分を目指して公園でボーっとする**ところから始めましょう。

グリーンエクササイズを始めよう

もうひとつ、毎日の暮らしに自然を増やすための方法が、**「グリーンエクササイズ」**という考え方です。

その名のとおり自然の中で体を動かすことで、先ほど紹介した公園のウォーキングも立派なグリーンエクササイズのひとつ。2000年ごろから科学的な検証が始まり、いままでは数百を超えるデータにより、ストレス解消、不安や焦りの低下、健康の改善といったさまざまな効果が証明されています。

エクササイズといっても、身構える必要はありません。どんな形でもいいので、自然の中で体を動かせばいいのです。一例をあげましょう。

・ガーデニング
・キャンプ
・ハイキング
・トレイルランニング
・ラフティング
・ビーチでヨガや瞑想

この中では、**一番手軽なのがガーデニング**です。好きな花を世話してもいいし、料理に使えるようなハーブを育てるのもいいでしょう。1日30〜60分を土いじりに使うだけでも、あなたはストレスや不安に強くなり、時間のプレッシャーに押しつぶされないメンタルが育ちます。

○グリーンエクササイズの効果を高める4つのポイント

「グリーンエクササイズ」は、基本的に自然の中でさえ行なえば何をしてもOKですが、効果を高めるにはいくつかの注意点があります。せっかく自然と触れあうのですから、できるだけメリットを引き出していきましょう。

具体的なポイントは次の4つです。

ポイント1　1回のアクティビティは最低でも30分を目指す

近年のグリーンエクササイズ研究によれば、1回のアクティビティは30〜60分を超えたところからメリットが急速に増えていきます。**最低でも30分は持続して取り組める活動**を選んでください。

逆に、グリーンエクササイズが多すぎることによる副作用はないので、体力が保つなら何時間やっても問題ありません。

ポイント2　自然の量が多ければ多いほどいい

自宅のガーデニングや公園の散歩でも、グリーンエクササイズの効果は得られます。しかし、やはり周囲を自然に囲まれた環境に身を置くほど、メリットが大きくなっていくのも事実です。

公園よりは草原、草原よりは山、といったように、**天然の自然に近づくほど時間感覚にも余裕が生まれます**。休日にどこに遊びに行くか迷ったら、できるだけ「自然が多いかどうか？」を基準に選んでみるのもいいでしょう。

ポイント3　アクティビティの辛さはMVPAがベスト

MVPAは**「中高強度身体活動」**の略で、エクササイズの辛さを示すモノサシのことです。簡単に言えば、**早歩きから軽いランニングぐらいの運動量**を意味しています。

最もグリーンエクササイズの効果が出やすいのが、このMVPAぐらいのアクティビティ。これよりも激しく体を動かすと、逆に疲労感のほうに意識が向かうため、せっかくの効果が減ってしまうことがわかっています。

運動レベルが最適かどうかを判断するには、「軽く息が上がるぐらい」を目指すのがいいでしょう。この時に、周りの人と簡単な会話ができないレベルだとやりすぎですし、いつも通りしゃべれるようであれば、もう少しキツめの運動をしたほうがいいでしょう。

ただし、決してヨガやハイキングといった軽い運動が無意味なわけではありません。MVPAのレベルが辛くてグリーンエクササイズが続けられないのも本末転倒なので、あくまで楽しくできるものを優先してください。

ポイント4　仲間を見つけるとさらに効果がアップする

4つ目のポイントは、**エクササイズ仲間を見つける**ことです。ひとりでやっても効果は得られますが、親しい友人や家族とグリーンエクササイズを行なうと、さらにメンタルの改善効果は高くなります。

近年はポジティブ心理学の研究などで「友人の大切さ」が何度も確認されているとおり、どんなアクティビティも気の知れた相手と行なったほうが、ストレスの解消やメンタルの強さは向上しやすくなります。

また、別の研究では、エクササイズを仲間を作っただけで、ジムに通う日数が以前の3倍も増えたとの結果が出ています。メンタル改善の面でも、エクササイズの習慣化の面でも、一緒に行なう仲間を作るのはとても効果的です。

まとめ

「自然」は時間の余裕を生み、生産性を向上させる。
まずは、1日60秒の動画タイムから始めよう。

第3章

それでも時間がない
あなたに贈るストレス対策

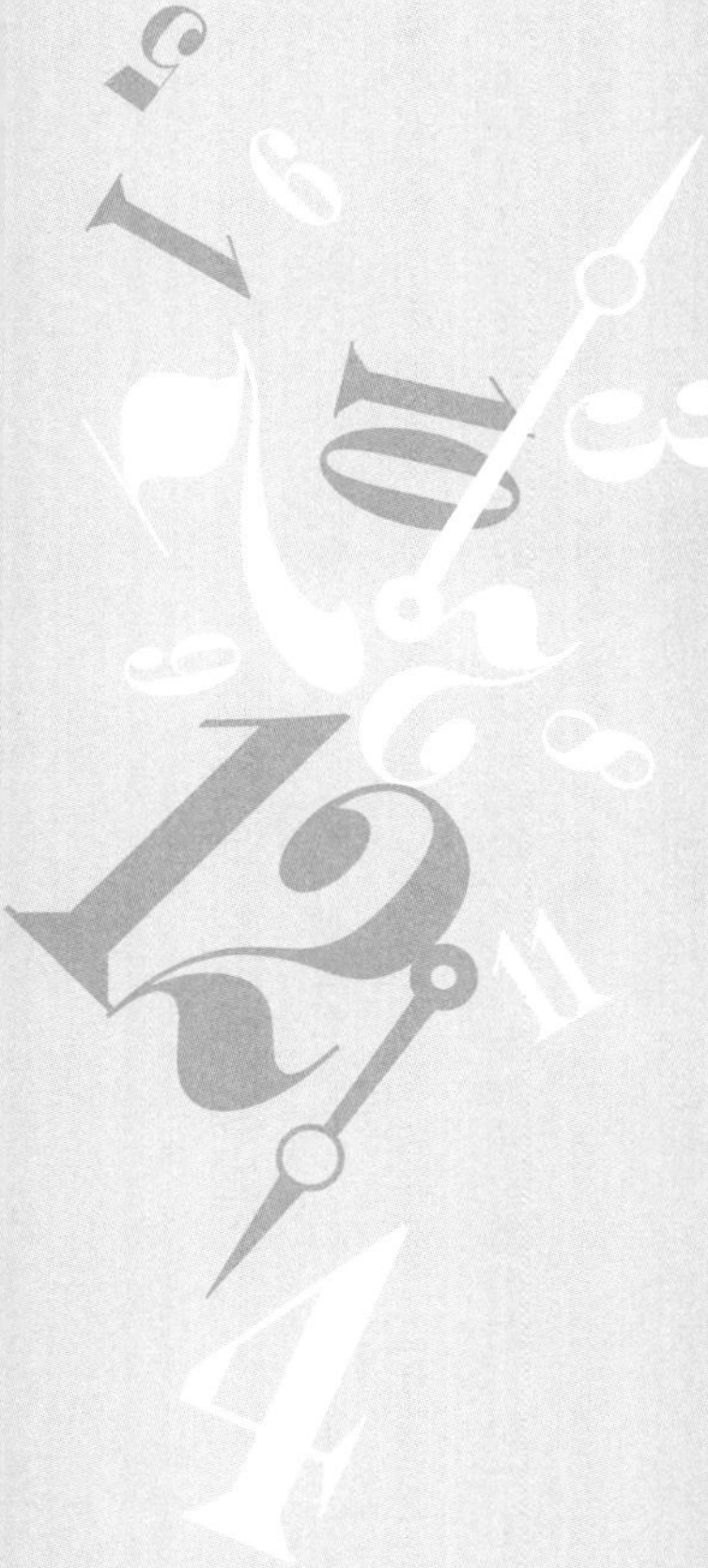

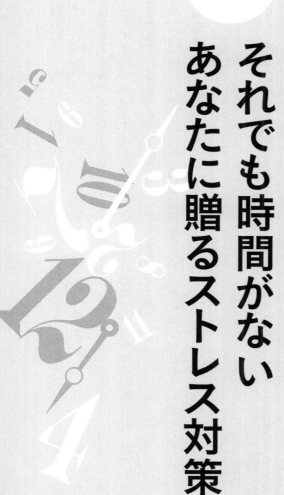

現代人にとって、「時間が足りない」という感覚はとても根強いものです。
それもそのはず、いまの暮らしは「英語を勉強する」「運動をする」「ローンを返す」といった無数の目標がぶつかりあい、デジタル機器やインターネットの発達により貴重な集中力はとぎれ続けています。そのたびに私たちは時間のプレッシャーに襲われ、いつも何かに追われているかのような感覚に苦しめられるのです。
そのため、現代人が余裕のある時間感覚を取りもどすには、第2章でお伝えしたフィックスを地道にこなす忍耐が必要になります。それほど、現代では時間不足が当たり前になっているからです。

しかし、なかには「すぐに時間のプレッシャーから解放されたい！」と感じる人も少なくないでしょう。長い目で少しずつ時間感覚を正していくのも大事ですが、まずは目の前の不安や焦りをどうにかしたいと思うのは当然です。

そこで本章では、どうしても「時間が足りない」と感じてしまうあなたのために、数秒から数分で取り組めるストレス対策を用意しました。先にもご説明したとおり、時間不足を生み出す最大の要因は不安とストレスだからです。

本章で取り上げるテクニックは、すべてをやる必要はありません。あなたが「楽しそうだな」「これならできそうだな」と感じたものを選んで、毎日の暮らしの中に少しずつ取り入れてください。

これから紹介するテクニックで短期的なプレッシャーをやわらげつつ、同時に第2章のフィックスを長期的に積み重ねていくと、最終的には2つのメリットが得られます。

1つ目は、時間の感覚に余裕が生まれ、焦らずに作業に取り組める効果。

2つ目は、作業の効率が上がった結果、本当に時間の余裕ができる効果です。

ここにおいて、あなたは真の意味で時間を使いこなせるようになるでしょう。

1秒 コース

一時停止リマインダー

数あるストレス対策の中でも一番手軽に実践できるのが、この「一時停止リマインダー」という手法。Ｇｏｏｇｌｅ社の人材開発部門が、人間の脳の働きを研究した末に編み出したテクニックです。

その方法はとても簡単で、下のイラストのような「一時停止マーク」を、スマホやパソコン、作業机などの目のつく場所に貼っておくだけ。あとは、**不安やストレスを感じそうな状況になったら、「一時停止マーク」を見てゆっくりと深呼吸をしましょう。**

たとえば、仕事中にスマホの通知をチェックしたくなったとき、ふとネットでだらだらと時間をつぶ

しそうになったとき、コンビニに長い行列ができてイライラしそうになったときなど、そのたびに「一時停止マーク」を見て深呼吸してください。

とてもシンプルな手法ですが、**私たちの脳は、リマインダーさえあれば自然と意識がそちらへ向かうようにできています**。そのおかげで、「一時停止マーク」を見ると、いままでは無意識に行なっていたマルチタスクにも強くなり、第2章でお伝えした**「時間汚染」の問題を予防する効果**も得られます。

3秒コース

背筋を伸ばす

「背筋を伸ばす」というシンプルな方法も、重要なストレス対策のひとつです。美しい姿勢にするだけで、ストレスが多い状況でも自信をもち、前向きなムードを維持できることがわかっています。

たとえば、ニュージーランドの大学が行なった実験によれば、背筋を伸ばしたまま人前でスピーチを行なった被験者は、血圧や心拍数が下がり、話の内容もポジティブなものに変わったそうです。**姿勢を正すだけなので、実践には3秒もかかりません。**

もし自分の「正しい姿勢」がよくわからないときは、次のように背筋を伸ばしてみてください。

1. リラックスした状態で肩を落とす

2. 両方の腕をねじり、両の手の平を外側に向ける

3. 肩甲骨が締まって胸を張った姿勢になったら、その姿勢を維持したままねじった腕を元に戻す

このステップで調整すれば、肩と肩甲骨が正しいポジションに収まります。ストレスを感じたら、すぐに背筋を意識してみましょう。

14秒コース

楽しい記憶を思い出す

誰でも楽しかった思い出にふけってしまうことはあるもの。リゾートで過ごしたバケーション、プレゼンがうまくいった体験、友人にもらったプレゼント……。実はこれらは、科学的にも正しいストレス対策だとわかっています。

たとえば、アメリカのラトガース大学が行なった実験では、まず被験者の手をしばらく氷水に浸けさせ、わざと精神的なストレスをあたえました。そして、後で全体を2つのグループに分けています。

1．過去の楽しい記憶を思い出す（旅行やイベントなど）

2．過去の普通の記憶を思い出す（普段の食事や仕事など）

記憶を思い出す時間はどちらもたったの14秒でしたが、被験者の反応は大きく異なりました。**良い記憶を思い出したグループは、感情をコントロールする脳の機能がうまく働くようになり、他のグループに比べて体のストレス反応が15%も下がった**のです。

過去の良い思い出は、たんに気分を上げてくれるだけでなく、実際に体にも影響をおよぼします。実に手軽で効果的なストレス対策です。

30秒
コース

貧乏ゆすり

「貧乏ゆすり」は印象がよくない行為ですが、手軽なストレス対策としては大きな効果を持っています。

イギリスで行なわれたある実験では、被験者に人前で声を出しながら暗算をするように指示しました。すると、軽く貧乏ゆすりをしながら行なった人は暗算の成績がよくなり、ストレステストの点数も改善したそうです。

また、この研究によれば、貧乏ゆすりのほかにも、指で手のひらをリズミカルに叩いてみたり、手の甲の皮膚をつまんで軽く引っ張ったりするだけでもストレス解消の効果が得られています。**ポイントは、なんでもいいので体をリズミカルに動かすこと。あらかじめ自分なりの方法を決めておき、焦りを感じたときに試してみてください。**

45秒コース

ガムを噛む

あまりにも身近なせいで見過ごされがちですが、実はチューインガムにも不安をやわらげる効果があります。アゴを動かすと脳の血のめぐりがアップし、ストレスに対処しやすくなるからです。

ある研究では、ガムを噛みながら難しい計算をしたらどうなるかを調査しました。すると、ガムを噛んだ被験者は、計算の成績がよくなり、主観的な不安が減り、実際に体内のストレスホルモンも低下していたそうです。

また、多くのデータでは、毎日少しずつガムを噛むことで、どんどん脳がストレスに強くなっていく傾向も出ています。1日に30〜45秒ずつ、ガムの習慣を取り入れてみるのもいいでしょう。

ガムが苦手なら、昆布などでもいいかもしれません。

1分
コース

不安になる時間を決めておく

やり残した仕事、お金のトラブル、自分の健康状態などなど、普段から不安を感じやすい人にうってつけなのが**「不安になる時間を決めておく」テクニック**です。

これはアメリカのペン州立大学が編み出した手法で、**事前に次のように紙に書き出していきます。**

- **午後1時から30分はお金について不安になる**
- **寝る2時間前までに仕事の不安を終えておく**

このように、不安になるための内容と時間をあらかじめしっかりと決めておくのがポイントです。

子供だましのように感じられるかもしれませんが、私たちの脳は意外と素直なもの。やるべきことを細かく指示してやれば、自動的にその通りに動き出すようにできています。

実際、ペン州立大が行なった実験でも、不安になるための時間を決めておいた被験者は、だらだらと自分の悩みについて考える回数が減り、自然とストレスレベルも下がっていったそうです。いつも決まった不安に悩んでしまうような人には、ぜひ試して欲しいテクニックのひとつです。

2分コース

テトリス

「いますぐ目の前の不安をどうにかしたい！」

そんなときに使える意外な対策が、**「テトリス」**です。というのも、ストレスを感じた後に2〜3分ぐらいテトリスで遊び続けると、被験者の不安が軽くなったというデータがあるのです。なにも考えずにテトリスに取り組めばいいのだから、誰でもすぐに実践できるでしょう。

テトリスでストレスが減るのは、一時的に頭を使うような作業に打ち込むと、そちらのほうに脳の処理が集中するから。ブロックの動きに意識が向かったせいで、不安やストレスについて考えるだけの脳のリソースがなくなってしまうわけです。

ちなみに、短い時間だけ頭を使うような作業であれば、テトリスでなくても同じ効果は得られます。スマホのカードゲーム、パズルゲームなど、不安を感じたら好きなもので遊んでみましょう。

3分
コース

動物の動画を見る

ペット療法には長い歴史があります。データを見るまでもなく、犬や猫と遊ぶだけで癒された気持ちになる人は多いでしょう。

しかし、実は動物の効果はペットを飼わなくても得ることができます。単純に動物の動画を2〜3分見ればいいのです。

たとえば、メルボルン大学の調査では、**仕事の合**

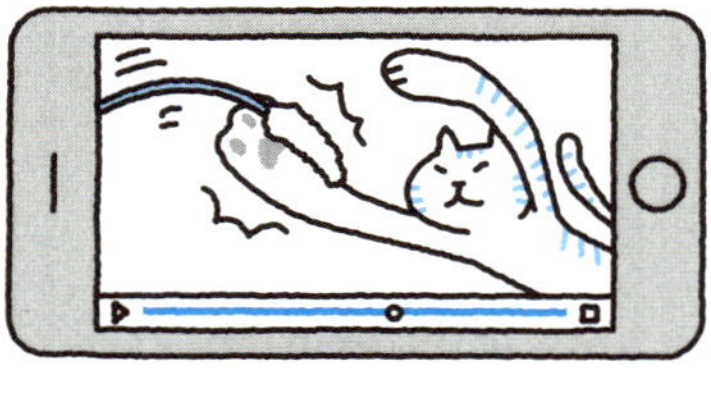

間にYouTubeなどでかわいい猫の動画を見た被験者はその直後にストレスが大きく低下。結果として、仕事の生産性が9%もアップしています。

ストレスの多い仕事に取りかかるときは、息抜きに可愛らしい動物の動画をチェックしてみてください。Instagramなどで海外の子猫の動画を紹介するアカウントをフォローすると手っ取り早いでしょう。

4分コース

SIT

運動がストレス解消に効くのは有名でしょう。体を動かすとセロトニンやドーパミンなどの神経伝達物質が増えて脳の働きがよくなり、エクササイズが終わってすぐにメンタル改善の効果が得られます。

学生を対象にしたある実験では、1日に30分の有酸素運動を週に1~2回ずつ続けたところ、毎日のストレスが26%減り、前向きな感情が12・6%アップしたと言います。運動ほど科学的に証明されたストレス対策もありません。

しかし、心に時間の余裕がない人が、いきなり1日に30分も運動をするのは大変でしょう。必ず効果があると言われても、まだ時間感覚が正されていない場合は、30分が途方もないハードルに思えてしまうはずです。

そこで**私がおすすめしたいのが「SIT」という方法。「スプリント・インターバル・トレーニング」の略で、たった4分で心肺機能の改善や不安の解消効果などが得られるエクササイズです。**

まずは具体的なやり方をご紹介します。

1. 30秒だけ全力で体を動かす
2. 3分間の休憩を入れる
3. 再び30秒だけ全力で体を動かす

この合計4分間で「SIT」は終了です。ここで行なう運動は、**その場でスプリントをしてもよし、縄跳びを続けてもよし、ジムでエアロバイクをこぐもよし、有酸素運動であれば何を選んでも効果はあります。**

【SITのやり方】

★「もうこれ以上は動けない」というレベルまで追い込む
★ 週3回まで

3分間の休憩を抜かせば、実際に体を動かしている時間はほんの1分にすぎませんから、これならどれだけ時間に余裕がない人でも言い訳はできないでしょう。

実にお手軽な方法ですが、それだけに「SIT」を行なう際には**2つの注意点**があります。

1つ目は、エクササイズを行なう際には、**「もうこれ以上は動けない！」というレベルまで自分を追い込む**こと。専門的には「オールアウト」と呼ばれる状態で、終わった直後に足がフラフラになるぐらいを目安にしてください。

これぐらい一気に高い負荷をかけないと、

「ＳＩＴ」の効果が大きく下がってしまいます。慣れないうちは大変ですが、ぜひ「30秒だけ自分の限界に挑戦するぞ！」ぐらいの心意気で挑んでみましょう。

２つ目の注意が、多くても「ＳＩＴ」は**週に3回超はやってはいけない**点。「ＳＩＴ」は短時間のうちに大きな負荷をかけるテクニックなので、やりすぎると逆に疲れがたまってしまう可能性もありえます。

ストレスの解消に使うなら、まずは週に2回を目指せば十分です。自分の体力と相談しながら続けてください。

5分コース 太陽の光を浴びる

「光療法」をご存じでしょうか？　不安症やうつ病の患者に明るい光を浴びてもらう治療法で、１９８０年代に精神科医のローゼンタールが提唱したものです。長い歴史の中で、メンタルの改善に効果が高いことが明らかになっています。

一般的な治療では専用の照明器具を使いますが、日常のストレス解消が目的なら、大がかりな装置は必要ありません。太陽の光を浴びればいいのです。

フィンランドで行なわれた実験によれば、1日5分ずつ太陽の光を浴びながら散歩をすると、高いリラックス効果が得られたのはもちろん、他人とのコミュニケーション能力までアップしたと言います。古来から太陽を崇める宗教は多いですが、知らずのうちに太陽のすごい効果に気づいていたのかもしれません。

ちなみに、太陽でメンタルの改善が目的なら、別に**晴天の日でなくとも構いません**。曇り空や雨天でも「光療法」に使えるだけの明るさは得られるため、どんな天気でも日の光に身をさらすのが大事です。

定期的に外に出て、ぜひ太陽の光を意識してみてください。

8分コース

筆記開示

「筆記開示」とは、適当な**紙やノートなどに「ひたすら自分の感情を書き殴る」という心**

理テクニックです。昔から心理療法の世界ではたくさんの検証が進められ、不安の解消やメンタルの改善への高い効果が証明されています。

本来は数日をかけて行なうテクニックですが、近年の研究により、**たった8分の筆記開示でも効果が出る**ことがわかってきました。アメリカのミシガン州立大学による実験では、不安症に悩む学生に次のような指示を出しました。

ステップ1．自分の身に起きたネガティブな体験をリアルに思い出す
ステップ2．ステップ1で内面にわき上がった感情を8分だけ紙に書き出す

すると、おもしろい結果が現れました。筆記開示をした学生は、みんな脳の働きが良くなり、前よりも心配事を感じなくなったのです。

この効果は、普段は押さえつけていた感情を書き出すことで心配事が外に解放され、ネガティブなことに対して脳が労力を使わずにすむようになったせいで起こります。メモリを解放すると、CPUの調子がよくなるようなものです。

筆記開示の**ポイントは、自分が思うままにネガティブな感情を書き出すところ**です。イライラさせる上司がいれば「あいつムカつく！」と書き、自分に対してマイナスな気持ちがわいたら「私はダメだ……」と書き、お金の心配があるなら「次の支払いはどうしようか？」と書きます。怒りの感情だけでなく、悲しみ、心配、焦りなど、ネガティブな要素はすべて吐き出してください。

どうせ誰にも見せないのですから、この8分間だけは徹底的にネガティブな自分を解放してみましょう！

10分コース

心拍トラッキングタスク

「心拍トラッキングタスク」は、イギリスのサセックス大学が提唱するメンタルの改善テクニック。手首や首筋に指を当てたりせずに、自分の心拍がどれぐらいのペースなのかを言い当てるトレーニングです。

まずは具体的な方法から見てみましょう。

1. タイマーを用意する
2. 首や心臓に指を当てたりせずに、まずは25秒の間に自分の心拍数がいくつになるかを推測する
3. 続いて、30秒で自分の心拍数を推測する
4. 35秒で自分の心拍数を推測する
5. 40秒で自分の心拍数を推測する
6. 45秒で自分の心拍数を推測する
7. 50秒で自分の心拍数を推測する
8. 手首に指を当てて脈を計り、自分の正確な心拍数をチェック。25秒、30秒、35秒、40秒、45秒、50秒の秒数ごとに、本当の心拍数を出す

すべての数字がそろったら、それぞれの数字を以下の式に落とし込みます。

1－(|本当の心拍数－推測した心拍数|)÷{(本当の心拍数＋推測した心拍数)÷2}

たとえば、あなたが「25秒間の心拍数は35回かな……」と推測して、実際の心拍数が25秒間に30回だったときは、次のような計算になります。

1－(|30－35|)÷{(30＋35)÷2}
＝1－5÷(65÷2)＝1－5÷32.5
＝1－0.1539＝0.8461

これで6つの数字がそろったら、最後にすべてを合計してから平均値を出してください。その結果が「1」に近ければ近いほど、あなたのメンタルは不安やストレスに強いと判断できます。

数字の大まかな判断基準は次のとおりです。

0・7以上：かなりストレスに強く、毎日の幸福度も高い傾向があります
0・61～0・69：ストレスの強さは普通ですが、まだ改善の余地があります
0・6以下：かなりストレスに弱い傾向があります

このトレーニングは、**「内受容」と呼ばれる心理学の理論**にもとづいています。

これは、簡単に言うと、いまの自分の体の状態を正しくモニタリングできる能力のこと。「いまはかなり疲れてるな……」や「だいぶお腹が空いているな……」など、体が発するサインを正確につかめるかどうかを意味しています。

「自分の疲れや空腹ぐらいわかっている」と言う人もいるでしょうが、実は私たちの心は、不安やストレスが多くなるほど体のサインをうまく受け取れなくなることがわかっています。**ストレスのせいで未来や過去のことにばかり意識が向かってしまい、いまの自分を気にしなくなってしまうからです。**

この状態が続くと、私たちは体が発する危険信号をうまく受け取れなくなります。そして、やがて無視されたストレスは体にたまり続け、やがて時間不足の感覚が生まれる原因になっていくのです。

実際、最近はプロスポーツの世界でも「内受容」が注目されており、一流のアスリートほど自分の体が発するサインを読むのがうまいとのデータも出ています。「内受容」を鍛える方法はいろいろありますが、私たちが行なうには「心拍トラッキングタスク」がもっとも手軽でしょう。

「心拍トラッキングタスク」は毎日行なっても問題ありませんが、めんどうであれば「いまの自分がどれだけストレスや不安に強くなったか？」を判断するためのテストに使うのも有効です。月に1～2回でもいいので、あなたのメンタルがどこまで改善したかをテストしてみてください。

15分コース
ハンドマッサージ

マッサージにリラックス効果があるのは有名です。**体をもむと心拍数と血圧が少しずつ下がり、神経システムの興奮が収まる**のは多くの実験で立証されています。

とはいえ、ストレスを感じるたびにマッサージ店に行くのは手間ですし、費用もバカになりません。日常のストレス対策としては現実的ではないでしょう。

そこでおすすめしたいのが**「ハンドマッサージ」**です。たかが手をもむだけだと侮るなかれ、女性を対象にした実験では、親指の下の筋肉を15〜20分ぐらいもんだところ、首や肩の緊張がほどけ、心拍数も下がり、不安テストのスコアも低下しました。

ただし、**自分で15分も手をマッサージするのは大変なので、「不安や焦りを感じたら親指の下を優しくもんでみる」と意識しておくだけでも構いません。**

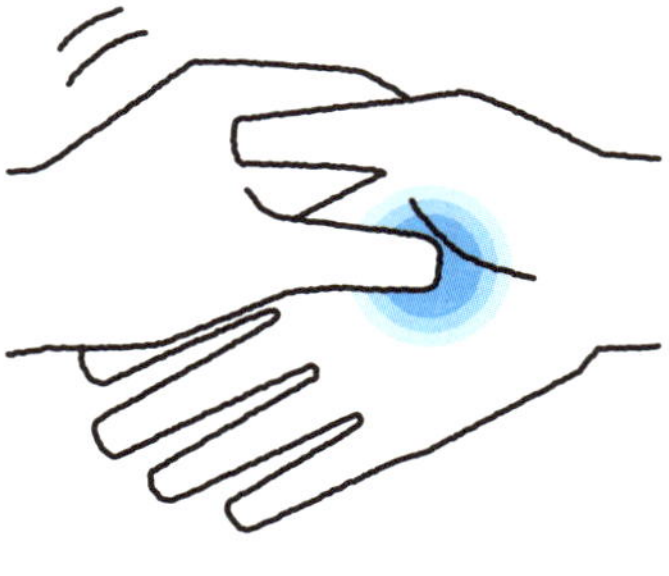

20分
コース

お笑い動画を見る

さきほど「動物の動画」でストレスが減る事例をご紹介しましたが、「お笑いの動画」にも同じような効果があります。

たとえば、女性を対象にしたアメリカの実験では、ネットのコメディ動画を20分見ただけでもストレスホルモンの量が激減し、さらには記憶力や学習能力が上がるメリットまで得られました。**ストレスが減ったおかげで脳が不安から解放されて、自然と頭まで良くなったよう**です。

また別の実験では、「お笑い動画」には**マッサージと似たようなリラックス効果**も確認されています。

これは、笑っているあいだはおなかの筋肉が適度に引き締まるため、動画を見終わった後は、逆に筋肉の緊張が解けてリラックス状態になるのが原因。心理療法の世界では、少しの時間だけ思い切り全身に力を入れるテクニックがありますが、この状態を「お笑いの動画」でも作り出せるわけです。

笑いの感覚は人によって大きく違うため、**自分が「おもしろい！」と思えばどんな動画を選んでも大丈夫**。心の底から楽しく笑えば笑うほど、見終わった後のリラックス感も大きくなります。

30分
コース

パワーナップ

「パワーナップ」は、心理学者のジェームス・マースによるストレス対策。ちょっと大げさなネーミングですが、**要するに「短い昼寝」**のことです。

日本ではまだ「昼寝＝サボり」のようなイメージもありますが、すでにＹａｈｏｏ！やナイキのような海外企業では職場で昼寝を許可するケースが激増。この世界的な流れを受けて、近年では日本の厚労省も、「午後の早い時刻に30分以内の短い昼寝をすると、眠気による作業能率の改善に役立つ」と推奨するようになっています。

実際、昼寝の効果を確かめた研究は山のようにあり、**だいたいの実験では10～30分の昼寝で脳の疲れが大幅に回復。その後の仕事のストレスにも強くなり、作業のスピードが上がる傾向が確認**されています。１日のメンタルを強く保つためにも、午後１～２時ぐらいのあいだに短い昼寝タイムを取ってみてください。

もっとも、昼寝に慣れていないと、目を閉じてみてもすぐに眠りに入れないケースがよくあります。特に、もともと寝つきが悪い人の場合は、いきなり30分だけ眠ろうと言われても、うまくいかないほうが多いかもしれません。

しかし、安心してください。アメリカのファーマン大学が行なった実験によれば、15分なにもせずに目を閉じた被験者は、その後に行なった記憶力テストの成績がアップしていました。**眠りに落ちなくても、ただ外からの情報をシャットアウトして過ごすだけでも、私たちの脳は休息を取れるようです。**

昼寝が苦手な場合は、とりあえず何もせずに目を閉じるだけの時間を作ってみてはいかがでしょうか？

1時間
コース

休暇の計画を立てる

さきほど「過去の良い記憶を思い出すとストレス対策になる」というテクニックを紹介しましたが、逆に**「未来の楽しい計画を立ててみる」のも効果的**です。

オランダで行なわれた研究によれば、事前に「休日の過ごし方」をしっかり考えた被験者は、その直後にストレスがやわらいだだけでなく、休暇プランを終えた後でも幸福感が8週間も続きました。

これに対して、特にはっきりとプランを立てなかった場合、休暇による幸福感は2〜3週間しか続かなかったそうです。ストレス対策だけでなく、せっかくの貴重な休日をフルに活かすためにも**「明確なプラン」**は欠かせません。

ここで大事なのは、できるだけ細かくプランを立てることです。「次の休みは映画でも見ようか」ではなく、「2月11日の休日は新宿の映画館に行って最新のアクション映画を観て、その後は近くのカレー屋に移動して野菜カレーの激辛を頼み、それから……」といったように徹底的に細かな計画を立ててみてください。

もちろん、本当の休日が計画どおりにいかなくても問題はありません。あくまで大事なのは、事前に細かい計画を立てるところです。これにより、あなたの中には**「自分で人生をコントロールできている」との感覚**が高まり、結果としてストレスに負けないメンタルになっていくのです。

2時間コース

コーピング・レパートリーを作る

「コーピング・レパートリー」は、昔からカウンセリングの世界でよく使われてきたテクニックのひとつ。そのポイントを簡単に言えば、**「自分にとって有効なストレス対策をリストにしておく」**というものです。

「コーヒーを飲む」や「風呂場で叫ぶ」や「指の関節をポキポキ鳴らす」など、誰でも自分のオリジナルなストレス対策をひとつやふたつは持っているでしょう。このような「マイストレス対策」をリストにしたものが「コーピング・レパートリー」です。

リストにふくむストレス対策は、どんなに小さなことでも構いません。心理学では**「コーピング・レパートリーは多ければ多いほどいい」**という考え方が基本だからです。

たくさんの「マイストレス対策」を用意しておけば、いざという時に好きなものを選ぶことができます。ところが、いつも2~3種類の対策しか持っていない場合は、職場、プライベート、人間関係などで違うタイプのストレスに襲われた場合に対処できません。

また、たくさんの対策があれば、「これが効かなかったら、次はあれを使ってみよう」といった気持ちが生まれます。この余裕があなたの焦りを減らし、時間感覚の改善にも繫がっていくわけです。

そのため、「コーピング・レパートリー」を作る際は、**できるだけお金と時間がかからない内容をおすすめします**。もちろん「旅行」や「ショッピング」などを入れてもいいのですが、いざ職場でストレスが起きたときにすぐに使えません。一方、162ページで取り上げたような「楽しい記憶を思い出す」や「動物の動画を見る」といった内容なら、その場で実践できますし、レパートリーの量を増やすのにも最適です。

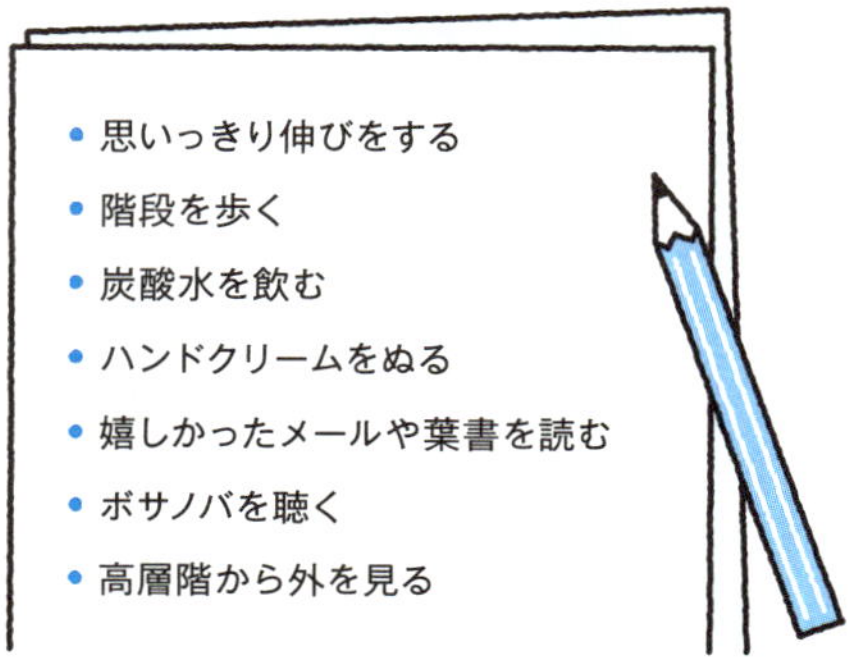

• 思いっきり伸びをする
• 階段を歩く
• 炭酸水を飲む
• ハンドクリームをぬる
• 嬉しかったメールや葉書を読む
• ボサノバを聴く
• 高層階から外を見る

また、「コーピング・レパートリー」の数に決まりはありません。まずは1時間をかけて最低でも100以上の「マイストレス対策」をリストアップし、それをスマホなどで常にチェックできる状態にしておくといいでしょう。

最初はめんどうに感じるでしょうが、「自分はこれだけたくさんのストレス対策を持っていたのか！」と確認するのは、実はとてもおもしろいし心強い作業です。ぜひ楽しみながらやってください。

14日コース

ビジュアル・アナログ・スケール

「ビジュアル・アナログ・スケール」も、昔から心理カウンセリングでよく使われてきた手法です。

方法はとても簡単で、なんらかの不安や焦りを感じたら、まずは適当な紙に次ページのような図を描きます。そして、100点を最高の気分、0点を最低の気分だとして、いまの自分の感覚に点数をつけてください。

［ビジュアル・アナログ・スケール］

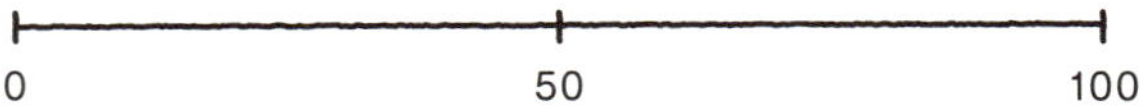

点数のつけかたは直感で大丈夫。「いまの気分は3点……」や「最高の気分よりはだいぶ下だから30点」といった感じで、**あなたの気分にしっくりくる点数**をつけてみましょう。

カウンセリングの世界では、患者の苦しみを理解するために使うケースが多いですが、実はこの「ビジュアル・アナログ・スケール」で気分を採点するだけでも不安やストレスが減ることがわかっています。先ほど取り上げた「筆記開示」と同じように、自分の感情を客観的に見られるため、心に余裕が生まれるからです。

さらに「ビジュアル・アナログ・スケール」を有効に使うには、最低でも14日間は記録をつけてみてください。寝る前の数分に「今日1日の気分は総合的にどうだっただろう?」と考えながら、点数をつけていくのです。

14日分の記録がたまると、あなたがストレスを感じやすい相手や状況などが、なんとなく見えてきます。その感覚がまた心に安心感をあたえ、時間感覚にも良い影響をおよぼすはずです。

28日コース

自動思考キャッチトレーニング

「ビジュアル・アナログ・スケール」の上位バージョンが、この**「自動思考キャッチトレーニング」**です。少し手間がかかるのが難点ですが、とてもたくさんの心理学実験でストレス解消の効果が証明されており、いったん身につければ、強力なメンタルツールになってくれます。

まずは**「自動思考」**からご説明しましょう。

これは、あなたが何らかのストレスを感じたときに、反射的に頭のなかに浮かび上がる思考のことです。

「こんなことを言ったらバカにされるんじゃないか？」

「友達のムダ話をずっと聞かされてるな……」

「あんな上司じゃなければもっと仕事が進むようになるのになぁ」

「最近何をしてもうまくいかないな……」

嫌なことがあれば、誰でも自然とこんなことを考えるでしょう。これを心理学では「自動思考」と呼びます。

「自動思考」が難しいのは、たいていの人は、自分がネガティブなことを考えたことにすら気づけないところです。

ほとんどの思考は頭の中にパッと生まれては消えていき、その後には「何が原因だかわからないけど不愉快だなぁ……」といった嫌な気持ちだけが残ります。この状態が積み重

［ 自動思考キャッチシート ］

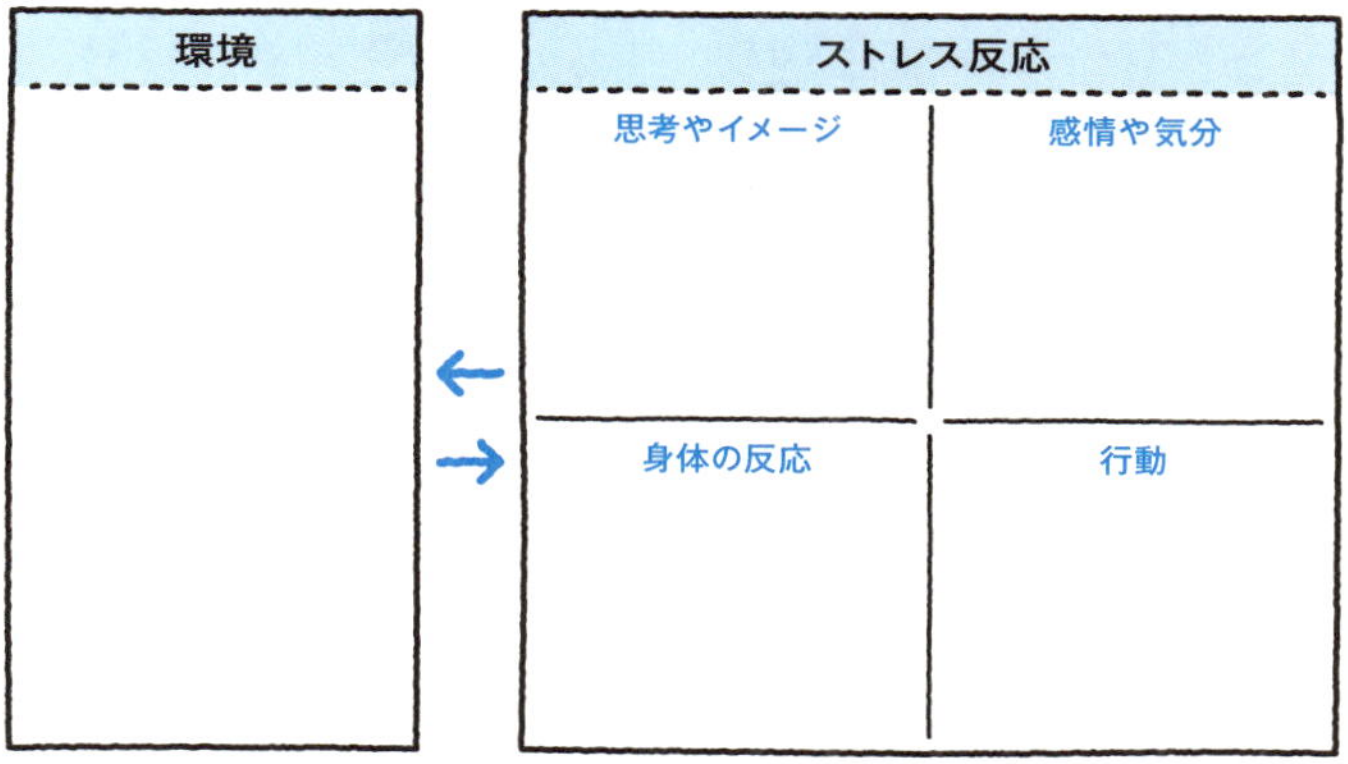

なっていくと、やがて不安とストレスが手のつけられない状態になってしまうわけです。

そんな事態になる前に、**自分の反射的なネガティブ思考を捕まえられるようにしておくのが、「自動思考キャッチトレーニング」**の要点。一般的な心理療法では、上のようなシートでトレーニングを行ないます。

何か激しいストレスを感じたら、シートの枠に次の内容を書き込んでみてください。

・**環境**：自分にストレスをあたえた原因や状態を書き込みます。

例：「彼女／彼氏にふられた」「上司に怒られた」「作業の時間が足りない」など

・**思考やイメージ**：頭に浮かぶ思考やイメージなどを書き込みます。

例：「こんなことやってられないよ！」や「上司に怒られている時の映像」など

・**感情や気分**：あなたが感じた感情と気分の内容を細かく分解して、それぞれの内訳をパーセントで書き込みます。

例：「怒り30％」「悲しい50％」「つらい10％」「モヤモヤ10％」など

・**身体の反応**：体に現れた変化を書き込みます。

例：「胸がドキドキ」「手に汗をかいた」「頭に血がのぼった」など

・**行動**：ストレスに対して自分がとった行動を書き込みます。

例：「声を荒げて言い返した」「枕をなぐった」「じっと耐えた」など

シートに記入するタイミングは、いつでも問題ありません。ストレスを感じた直後に書

自動思考キャッチシート　記入例

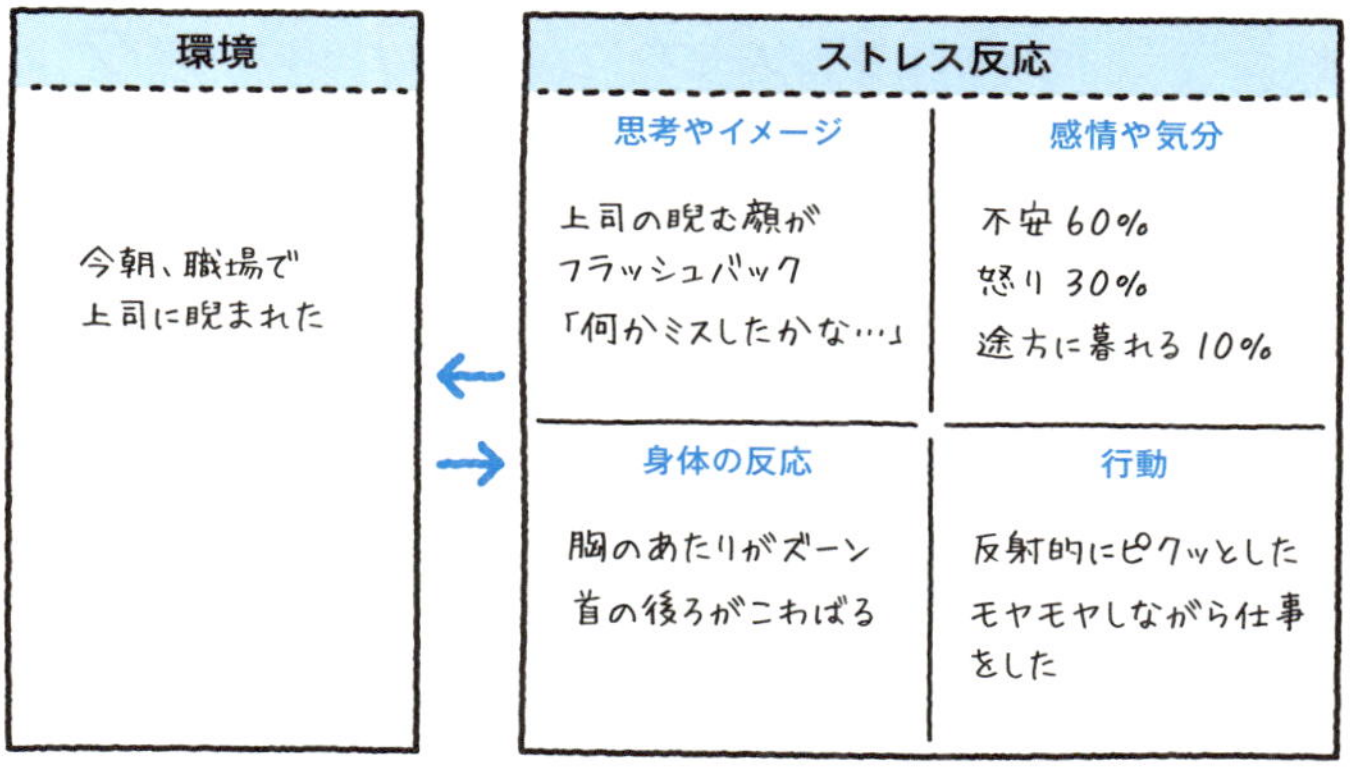

いてもよし、嫌なことが起きた日の夜でもよし、過去に味わった人生で最悪の体験を書いてもよし、自分にとって記憶が鮮明な出来事を選んでください。

シートへの書き込みは、最低でも1日に1枚ずつ、28日間は続けて行なってください。どんな小さなストレスでもいいので、自分がイラっとしたときの気持ちを細かく分析してみましょう。

このトレーニングに慣れてくると、そのうち「自動思考」を自動的に分解できる能力が備わり、**ストレスを客観的に見る視点が育ちます**。そうなれば、あなたはどんなストレスからも距離を置けるようになり、無敵のメンタルを手に入れることができるでしょう。

30日コース

クールチャレンジ

クールチャレンジは、オランダの学術医療センターが考案したテクニック。**決められた時間だけ冷たいシャワーを浴びて、心と体に刺激を与えていく手法**です。

具体的には次のように行なってください。

ステップ1．まずは好きなだけ熱いシャワーを浴びる
ステップ2．10～12℃の冷たいシャワーを30～90秒浴びる
ステップ3．再び好きなだけ熱いシャワーを浴びる

これでワンセット。このサイクルを30日続ければ、クールチャレンジは終了です。

日本でも昔から水風呂に入る健康法がありますが、クールチャレンジの効果を確かめた実験では、はっきりとした効果が確認されました。

第一に、普通にシャワーを浴びたグループより、クールチャレンジを続けたグループは29％も風邪を引く確率が減少。さらにメンタルにも良い影響が現れ、ちゃんと冷たいシャワーを浴び続けた被験者ほど、日中の元気がアップする傾向が見られたそうです。

30日というと長く感じるかもしれませんが、辛いのは1日のうちたったの30秒だけ。これで風邪をひかない体と活気にあふれたメンタルが手に入るのだから、パフォーマンスが高い方法ではないでしょうか。

49日コース

慈悲のプラクティス

「慈悲のプラクティス」は、原始仏教の世界などで使われる瞑想法のひとつです。という と怪しげな印象を持つ方がいるかもしれませんが、ここ数年でたくさんの研究が行なわれ、**メンタルに大きな効果がある**ことがわかってきました。

アメリカのノースカロライナ大学による実験では、「慈悲のプラクティス」を49日間続けた被験者は、ポジティブな感情が大幅にアップし、気分が落ち込む回数も少なくなりました。また別の実験でも、「慈悲のプラクティス」で頭痛が減ったり、脳のサイズが大きくなったなどの事例が報告されています。どうやら、瞑想が脳に良い影響を与えた結果、ストレスに強いメンタルに生まれ変わるようです。

これらのデータを受けて、最近では**Googleが社員研修のプログラムに取り入れたほど**。CEOのラリー・ペイジも、社員に対して積極的に瞑想の講座を受けるように指導しているそうです。

それでは、「慈悲のプラクティス」のやり方を紹介しましょう。静かな部屋にリラックスして座り、次のフレーズを頭の中で繰り返します。

私が幸せでありますように
私の悩み苦しみがなくなりますように
私の願いごとが叶えられますように
私が「あるがまま」に物事を見られますように

私の親しい人々が幸せでありますように
私の親しい人々の悩み苦しみがなくなりますように
私の親しい人々の願いごとが叶えられますように
私の親しい人々も「あるがまま」に物事を見られますように

生きとし生けるものが幸せでありますように
生きとし生けるものの悩み苦しみがなくなりますように
生きとし生けるものの願いごとが叶えられますように
生きとし生けるものも「あるがまま」に物事を見られますように

私の嫌いな人々も幸せでありますように
私の嫌いな人々の悩み苦しみがなくなりますように
私の嫌いな人々の願い事が叶えられますように
私の嫌いな人々も「あるがまま」に物事を見られますように

私を嫌っている人々も幸せでありますように
私を嫌っている人々の悩み苦しみがなくなりますように
私を嫌っている人々の願い事が叶えられますように
私を嫌っている人々も「あるがまま」に物事を見られますように

1日のプラクティスは1日10～15分がベスト。その間は、何度も何度も慈悲のフレーズを頭の中で繰り返します。

「『あるがままに』物事を見る」という部分がわかりにくいかもしれませんが、これは要するに、**偏見や思い込みにとらわれずに状況を判断すること**です。

上司に怒られた時などに、もしあなたが「自分は嫌われている」と思ったとしても、なんらかの事実の裏づけがない限りは、ただの思い込みにすぎません。その時点でハッキリと言えるのは、あなたが上司に怒られた事実だけです。

このように、思い込みにまどわされない状態を、『「あるがままに』物事を見る」と表現しています。このあたりの意味も押さえながらトレーニングを積むと、さらに「慈悲のプラクティス」の効果は高くなります。

もっとも、ほとんどの人は、フレーズを唱えている間に別のことを考えてしまうでしょうが、気にしないでください。それが普通です。**もし気がそれても「自分は集中力がない人間だ」などと自らを責めたりせずに、たんたんとフレーズに意識を戻すのが一番のポイント**になります。

このトレーニングがメンタルに良いのは、「慈悲のプラクティス」が、第2章でお伝えした「親切」の一種だからです。

誰かのために物理的な行動を起こすことだけが本当の親切とは限りません。自分が好きな家族や友人はもちろん、嫌いな人の幸福を祈るだけでも、ちゃんと他人のために時間を使ったことになります。

まずは1日10分から、「慈悲のプラクティス」を始めてみてください。

×やってはいけない6つのストレス対策

ここまで科学的に効果が認められたストレス対策を紹介してきましたが、最後に「やってはいけない方法」にも触れておきましょう。

世の中には、ストレスを感じた人の多くが、つい手を出しがちな解消法がいくつもあります。その大半は効果がないだけでなく、逆にストレスを悪化させてしまうことも少なくありません。

以下のリストは、**心理学の世界でもっとも権威がある「アメリカ心理学会」が、「間違ったストレス対策」として公表したもの**です。本章で取り上げた正しいストレス対策を行なう前に、自分が間違ったことをしていないかをぜひチェックしてみてください。

1. ギャンブル

ギャンブルは一時的に脳内麻薬の分泌を増やし、神経を激しく興奮させる効果があります。ただし、脳内麻薬はすぐに減ってしまうため、その幸福感はすぐに消失。あくまで神経を刺激しているだけなので、ストレス対策にもなりません。

それどころか、長く続けると脳内麻薬の効きが悪くなっていくため、ギャンブルをしていない時は無闇にイライラするようになります。**ストレス対策としては最悪の部類**だと言えるでしょう。

2. ショッピング

お金を使った後は、誰でもスッキリしたような気分になります。

ところが、これもギャンブルと同じで、欲しいものを買ったせいで**一時的に神経が興奮しただけ。買い物の喜びが薄れれば、後は神経の疲れが残るばかり**です。特にブランド物のバッグや衣服、高級車といった贅沢品ほど、後で逆にストレスが増えてしまう現象が確認されています。

ただし、ショッピングの害には**3つの例外**があります。

・体験にお金を使った場合：旅行、スポーツクラブ、英語の練習など

・他人のためにお金を使った場合：募金、困った友人への融資など
・お金で時間を買った場合：家事代行サービス、仕事のアウトソーシングなど

これらの使い方をした場合は、お金を払ってもストレスは増えず、逆に毎日の幸福度はアップします。くれぐれもお金の使い方には注意してください。

3. タバコ

愛煙家の多くはタバコでリラックスできると言いますが、これは大いなる勘違いです。煙を吸うと、タバコにふくまれるニコチンが約8秒で脳に達し、ドーパミンという神経伝達物質を分泌させます。ドーパミンは別名「やる気ホルモン」と言われ、人間の意欲を高める作用を持った物質です。そのため、ドーパミンが増えると私たちは幸せな気分になり、一時的にリラックスしたかのような気分が生まれます。

しかし、ここに落とし穴があります。ドーパミンは、やる気を高めると同時に私たちの心拍数を上げ、筋肉をカチカチに緊張させる作用も持つからです。

つまり、**タバコでリラックスした気分になったのはあくまで錯覚。本当は心も体も緊張**

状態になっただけなので、ドーパミンが切れれば後には疲れとイライラだけが残ってしまいます。

4．酒

お酒も定番のストレス対策ですが、こちらもやはり逆効果です。

アルコールを飲むと大脳がマヒし、人間は短期的に理性が低下。そのせいで本能や感情が解放され、お酒により楽しくなったような気分が生まれます。

ところが、それと同時に、**お酒は人体にストレス反応も与えてしまいます**。やや専門的になりますが、**アルコールは視床下部や副腎などに刺激を与え、ストレスホルモンを増やす**ことがわかっているのです。

もちろん、気の合う仲間と少量のお酒を楽しむぐらいなら、なんの問題もありません。ストレスを感じてもやけ酒には走らず、1日グラス2杯ぐらいに止めておきましょう。

5．食べ過ぎ

なにか嫌なことがあったら、ついケーキやラーメンを食べ過ぎてしまう……。そんな人は多いでしょう。好きなものを食べれば、誰でもテンションは上がるものです。

それでも食べ過ぎがよくないのには、実は**タバコと同じメカニズム**が働いています。好きな食べ物には、やはり一時的にドーパミンを増やす働きがあるからです。

要するに、ケーキやラーメンでリラックスした気分になったのは、脳内に「やる気ホルモン」が増えたのが大きな原因。タバコと同じく、ドーパミンが切れれば逆にストレスは増えてしまいます。

6．ゲーム、ネット

アメリカ心理学会は、ゲームやネットなども「ダメなストレス解消法」の典型例にあげています。

これらの行為がよくないのは、どれも短時間でお手軽な「ごほうび」が得られてしまうからです。たとえば、スマホには定期的にＬＩＮＥの通知が届き、ツイッターを開けば数秒で読めるような新しい情報が次々に表示され、ゲームで遊ぶとすぐにレベルアップや架空のポイントを得た喜びが得られます。

こういった要素は、すべて私たちの脳にとって手軽な「ごほうび」なので、ネットやゲームに触れると、すぐにドーパミンの分泌がうながされます。その結果、タバコや食べ過ぎと同じように、あなたの心には疲れがたまっていくのです。

といっても、ゲームやネットそのものが問題なのではありません。あくまでも、なにも**ハッキリした目的意識がないまま、刺激の強い情報に気を取られてしまうのが問題**なのです。

先にお伝えした「テトリス」の例でもわかるとおり、ゲームからもストレス解消の効果は引き出せます。

「いまわたしはストレスを感じているから、一時的にリラックスするためにゲームで遊ぶのだ」といった明確な目的を持っていれば、ゲームでもネットでも有効に使うことができるのです。

ポイントは、何も考えずにダラダラをゲームやネットをしないこと。そうしないと、あなたの集中力はたびたび中断され、「時間汚染」が起きる原因になってしまうでしょう。

第4章

職場の「時間汚染」に打ち勝つ働き方

第2章でお伝えしたとおり、現代人が時間不足に悩む理由は、「ゴールコンフリクト」と「時間汚染」の2つ。日々の目標がぶつかりあい、細かな用事で時間がとぎれとぎれになってしまうせいで、私たちの心から余裕がなくなってしまうのが大きな原因でした。

しかし、ここで難しいのが「時間汚染」でしょう。「ゴールコンフリクト」であれば個人的な対策でどうにかなりますが、「時間汚染」は自分の力だけでコントロールできないことも多いからです。

不意に同僚から頼まれる仕事、取引先からの急な電話、ダラダラと続くムダな会議、長い通勤時間……。これらの要素は自分ではどうにもならず、あなたの中に大きな無力感を生み、「時間汚染」が拡大する原因になってしまいます。

つまり、現代の社会人は、「個人」の時間汚染だけでなく、「組織」の時間汚染にも立ち向かわなければなりません。外から強制的にやってくるマルチタスクの問題を、意識して処理していく必要があるのです。

なかなか難しい問題ですが、もちろんやれることはあります。職場のムダな「時間汚染」にお悩みなら、ぜひ本章を参考にしてみてください。

働き方 1

まずは通勤時間のストレスを防ごう！

通勤時間が長いと離婚が増える

まず考えていただきたいのが、**「通勤時間」の問題**です。

不動産情報サービスの調査によれば、いまのビジネスマンは会社までの通勤に、片道で平均58分もかけています。しかも、そのうち27％は通勤中を「ただ寝て過ごしている」と回答したとか。これでは単に時間のムダづかいなどころか、ストレスもたまっていくばかりでしょう。

実はここ数年、心理学や経済学の世界では「通勤」に関する研究が増えてきました。というのも、いまの社会では、**長い通勤時間こそが私たちの生産性を下げる大きな要因のひとつだとわかってきた**からです。

経済学者のブルーノ・フライ博士は、ドイツで行なわれた幸福度の調査を分析したうえで「長時間の通勤がもたらすストレスは、年収が40％アップしないと釣り合わない」との結論を出しています。

たとえば、年収が400万円の人がいた場合、年収が560万円に上がらない限り、通勤のストレスは割に合わないわけです。逆に言えば、長時間の通勤をしているだけで、年間160万円をドブに捨てていることになります。

もうひとつ、スウェーデンのウメオ大学が行なった研究でも怖い結果が出ています。同国で暮らす18万人の夫婦を調べたところ、なんと**夫の通勤時間が45分を超えたところから、離婚率が40％も高くなっていた**のです。

その原因はよくわかっていませんが、研究チームは2つの理由を有力視しています。

・通勤時間が長いビジネスマンは、仕事ができないので給料が低い
・学習能力が低い人ほど通勤が長くなる傾向がある

要するに、ものごとを学ぶのが苦手な人は時間の使い方も下手なことが多く、結果として年収の額が低下。と同時に、通勤時間を短くするような工夫もしないため、さらに仕事の生産性は下がり、そのストレスがプライベートにも及んで離婚の引き金になっていく、というわけです。

通勤時間が長いと肥満にもなる

さらに恐ろしいことに、長時間の通勤はあなたの健康もむしばんでいきます。

有名なのはアメリカのブラウン大学による研究で、通勤時間が増えるとどんな悪影響が出るのかを調べました。すると、**通勤時間が1分増えるごとに、運動時間が1日0・0257分ずつ減り、睡眠時間は0・2205分のペースで減っていく傾向**が明らかになったそうです。

日本の通勤時間の平均は往復で116分なので、月に20日ずつ出勤するとして**年間で約100時間も睡眠時間が消えていることになります**。日米の通勤事情は違うでしょうが、多くの統計ではアメリカよりも日本のほうが通勤時間が長いという結果が出ており、油断はできない状況です。

また、長い通勤で運動の量が減れば、当然ですが、体重が増える確率も高くなります。事実、約10万人の健康データを分析した別の調査では、通勤時間が長い人ほど肥満が多いという事実もわかりました。

ひとことでまとめれば、**通勤時間が長いとストレスで離婚しやすくなり、運動と睡眠が減ったせいで体脂肪まで増えてしまう**わけです。まずは**通勤時間の問題をどうにかするのが、組織の「時間汚染」に立ち向かう近道**と言えるでしょう。

在宅勤務のすごすぎるメリット

言うまでもなく、**通勤問題のベストな解決策は「引っ越し」です**。会社から10分ぐらいの場所に家を借りられれば、そもそも通勤の問題は起きません。

ただし、いくら通勤がメンタルによくないと言っても、そう簡単に引っ越すわけにもいかないのが現実。長時間通勤のダメージをやわらげるにはどうすればいいのでしょうか？

そこでセカンドベストの対策になるのが、**「在宅勤務」**です。かつては「自宅で仕事をするとダラダラしてしまう」や「在宅は社員のモチベーションを下げる」などと言われましたが、この批判はすでに過去の話。いまの心理学では、積極的に在宅の仕事を勧める方向に切り替わっています。

なかでも代表的なのは、2015年に発表されたメタ分析です。在宅勤務に関する過去のデータをたくさんまとめたもので、科学的にとても信頼度が高い内容になっています。

その結果、在宅勤務には次のメリットがありました。

- **従業員の満足度がアップする**
- **仕事中のストレスが減る**
- **作業のパフォーマンスが大きく改善する**

在宅勤務をすると、社員の**ストレスが減って作業の効率がアップ**します。まさに在宅勤務は、従業員にも雇用者にとってもいいことづくめのシステムなのです。

最近は、日本でも在宅勤務を認める企業が増えてきました。あなたの会社にすでに在宅の制度があるならぜひ活用すべきですし、もしなくても上司にかけあってみるだけの価値は十分にあります。

在宅勤務の効果を高める5つの注意点

このようにメリットが多い在宅勤務ですが、先の研究によれば、この仕組みを成功させるにはいくつかの条件があります。在宅で働くように決めた場合は、次の5つのポイントを守るように注意してください。

1．リアルなコミュニケーションが必要な場面を見極める

基本的には在宅で仕事をしたほうが効率は上がりますが、新しいプロジェクトを立ち上げたときなどは、いったん関係者で**実際に顔を合わせる必要**があります。在宅だけで新し

い作業について議論すると、情報の共有がうまくできないからです。

いったんプロジェクトが進み始めた場合は、在宅に切り替えても問題なし。在宅で悪影響が出てしまうシーンを、きちんと判断してください。

2. 最適な在宅のペースを見極める

仕事の種類によっては、**そもそも在宅で作業ができないケース**もよくあります。定期的に顧客との面談や取引先とのミーティングが必要な仕事では、自宅にい続けるわけにはいきません。

が、そのような状況でも在宅勤務をあきらめずに、ぜひとも**週に1回ぐらいのペース**で取り入れてください。ほんの少しでも在宅勤務をしたほうが、最終的な作業効率は上がることがわかっています。

3. 自分が在宅向きかどうかを見極める

大半のデータは在宅勤務のメリットを示していますが、一部には**逆にストレスが上がってしまうケース**も見られます。

そのパターンはさまざまで、外交的で同僚とのコミュニケーションが好きな人、自宅だと静かすぎて気が散ってしまう人などが代表例です。なかにはオフィスのほうが集中できるタイプもいるので、何度か在宅勤務をしてみて、作業効率が上がったかを確かめてみるのがいいでしょう。

4. 同僚との知識の共有に気をつける

在宅勤務の数少ない欠点が、**どうしても同僚との知識の共有が減ってしまう点**です。作業でのやりとりだけでなく、給湯室でのなにげない雑談や、エレベーターで乗り合わせた同僚との世間話、隣の席に座る仲間とのおしゃべりなど、多くのビジネスマンは、日常のちょっとしたコミュニケーションをもとに会社や仕事の知識をやりとりしています。

このような雑談がのちに大きなプロジェクトにつながるケースも多いため、ディズニーやＧｏｏｇｌｅなどの大企業でも、社員の世間話をうながすためのドリンクバーを置いているほど。それぐらい、社員同士のコミュニケーションは欠かせません。

幸いにも、**近ごろはチャットワークやスラックなどの社内チャットツールが普及し、情**

報共有の問題はかなり解決されてきました。専用のツールを導入しなくても、社内でライングループを作るのもいいでしょう。在宅勤務をするときは、象牙の塔にこもらないように注意してください。

5. コントロールしすぎに注意する

こちらは在宅勤務をする側ではなく、経営者に向けた注意点です。

多くの企業では、せっかく在宅勤務の制度を導入しても、つい部下の仕事が気になって管理しすぎてしまうケースがよくあります。細かくその日の作業を報告するように義務づけたり、作業の進み具合をいちいち確認してみたりと、これでは在宅勤務のメリットが消し飛んでしまいます。

大事なのは、すべての社員が「自分の時間を自分でコントロールできているなぁ」といった感覚を持てるようにすること。心理学でいう「自律性」の気持ちを育てるのが、正しい社員マネジメントの基本なのです。

自転車通勤ならストレスが30％減る

それでは、**在宅勤務ができない場合**はどうすればいいでしょうか？

どうしても長時間通勤をせざるをえないときは、通勤行為そのものを改善するしかありません。ただストレスを耐えるのではなく、**積極的に通勤をリラックスの場へと変えていく**のです。

そこで3番目に効果的なのが、**「自転車通勤」**。電車やバスを使わずに自転車に切り替えるだけでも、毎日のストレスを大幅に減らすことができます。

一例として、カナダのＩＴ企業を対象に行なわれた研究では、被験者の通勤手段をチェックして、メンタルへの負担が少ないものを調査しました。その結果は自転車通勤がトップで、２番手の**「電車やバス」よりも約30％ストレスが少なかった**とのこと。**もっともメンタルへの負担が多いのは「車通勤」**だったそうです。

また、自転車通勤は健康の維持にも絶大な効果を持っています。約26万人の男女を調べた大規模な調査では、いつも会社まで自転車を使う人は、車や電車だけの人よりも**心臓病にかかる確率が41%、癌の死亡率は40%も低い傾向**がありました。自転車通勤は、あなたの寿命を延ばす効果もあるようです。

もちろん、あまりにも会社が遠すぎて、自転車で通勤ができないケースも多いでしょう。そんなときは、いつもより遠くの駅まで自転車で移動し、そこから電車に切り替えてはどうでしょうか？ あらかじめ遠くの駅で駐輪場の契約をしておけば、さらに自転車通勤の意欲も高まります。

通勤時間の目安は、片道20～40分ぐらいで着くような駅を選んでください。朝から自転車をこげば脳の血の巡りも良くなり、ストレスから解放された状態で仕事に取りかかれるはずです。

○ 通勤時間をエクササイズの場に変えてみる

どうしても自転車通勤に抵抗がある場合は、**家から駅までの道のりをエクササイズタイムに変えてしまうのも手**です。多くの場合、自宅から最寄りの駅までは徒歩で10〜20分が相場でしょうから、これぐらいの時間があれば、十分にエクササイズに取り組めます。

一番手軽で効果が高いのは、169ページでご紹介した**「SIT」のテクニック**を取り入れることです。出勤時間にランニングシューズで家を出て、まずは駅まで30秒の全力スプリントを行なったら、いつものスピードで3分だけ歩きながらリカバリー。体力が回復したところで、再び30秒の全力スプリントを行ないます。このワンセットを、あなたの通勤距離に応じて時間を調整してください。これを実践すれば、駅に着いた時点であなたはかなりストレスに強い状態になっているはずです。

といっても、先にもお伝えしたとおりやり過ぎはよくないので、駅までのSITは**週に2回ぐらいに**しておきましょう。残りの日は、軽く息が上がるレベルのスピードで走るぐらいでも、かなり気分はよくなるはずです。

実は私も、最近は普段の暮らしにＳＩＴを取り入れています。もちろん通勤するような会社はありませんが、近所に住む友人の家へ遊びに行くときなどに、30秒の全力ダッシュと3分の休憩をくり返すのです。友人には驚かれますが、小さな時間を有効に使った満足感が得られます。

このように、「ＳＩＴ」に適したシチュエーションを見つけて、**自分の日常にエクササイズを溶け込ませてしまうのも効果的**。通勤だけでなく、出勤した後にも「このすき間時間をエクササイズに使えないか？」と考えてみるのもいいでしょう。

通勤のストレスに強い人・弱い人の違いとは？

自分は会社に着くとヘトヘトなのに、同じ満員電車に乗ってきたはずの同僚はけろっとしている……。

誰でも一度はこんな体験をしたことがあるはずです。どの世界にも必ず、長時間の電車やバスでの移動をものともしない人がいるものです。

彼らはなぜ通勤のストレスに強いのでしょう？　単に生まれつきの問題なのか、それとも何か大きな秘密があるのでしょうか？

実は、その答えを確かめた研究があります。ハーバード・ビジネススクールの研究チームが、一般のビジネスマンに性格テストをして、**通勤のストレスに負けない人は何が違うのか**を調べあげたのです。

その結果、通勤に強い人と弱い人には、こんな違いがあることがわかりました。

- **通勤に強い人：電車の中で仕事の準備をするなど、その日の目標に向かった作業を行なっている**
- **通勤に弱い人：電車の中で音楽を聞いたりゲームをしたりなど、苦痛から逃げるために時間を使っている**

一言でまとめれば、**通勤に強い人と弱い人の差は「目的意識」**です。

いま自分は何のために職場に向かっているのか？

これから職場で何をしようとしているのか？

このような意識を持つことで通勤に深い意味が生まれ、辛かったはずの電車移動が有意義な時間に変わります。そのおかげで、長い通勤でもメンタルを消耗せずにすむのです。

その意味で言えば、いくら電車の中で経済新聞やニュースサイトを開こうが、移動のストレスから目をそらすためにやっていたら意味がありません。通勤中に**何をするかではなく、何のためにそれをするか**のほうが大事だからです。

通勤に強いメンタルを作る3つの質問

実際、この実験では、ビジネスマンを**通勤に強くする方法**も調べています。具体的には、通勤のストレスに弱い被験者に対して、次の3つの質問を考えながら通勤するように指示を出しました。

［ 通勤に強くなる3つの質問 ］

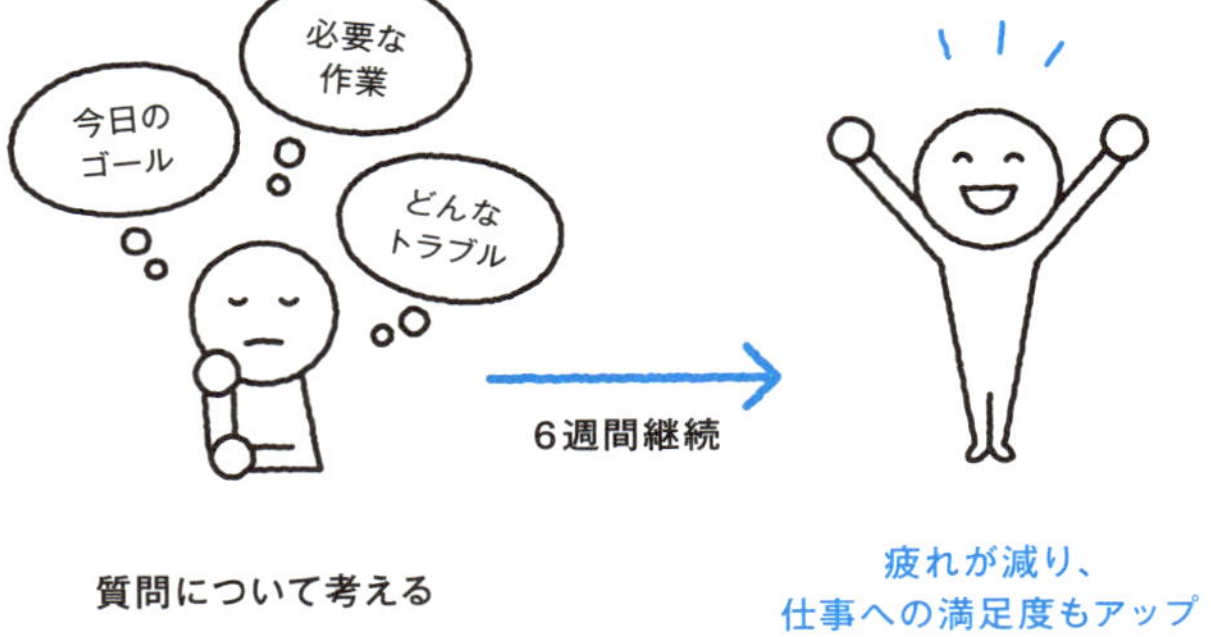

1. 今日のゴールはなんだ？
2. 目標のために必要な作業はなんだ？
3. 今日の作業中にどんなトラブルが起きるだろうか？

すると、**6週間後に興味深い変化**が起きます。その日にやるべき作業や目標について考えながら通勤したグループは、仕事が終わっても1日の疲れが少なく、仕事への満足感も高くなったのです。

通勤時間をコントロールするのは不可能ですが、通勤がもたらすストレスならコントロールできます。

確かに通勤はストレスの原因になりがちで

すが、それ自体は必ずしも辛い体験ではありません。自分にとって意味のある時間として使うことができれば、通勤もメリットに変えられるのです。

インターバル読書のススメ

通勤時間を有効に使うための「目的意識」は、特にいまのビジネス以外のことでも問題はありません。

「英語がうまくなってコミュニケーションの幅を広げたい」「もっと人間の心理を学んでプライベートに活かしたい」「健康に暮らすための知識を手に入れたい」など、明確な目的さえあれば、通勤の時間内に何をしても大丈夫です。

くり返しになりますが、**一番のポイントは「何のためにこの時間を使っているのか？」を自分の言葉で説明ができるかどうか**です。そこさえ押さえておけば、必ず通勤時間のストレスに勝つことができます。

そこで、通勤時間を使って勉強をしたい人におすすめなのが、最近私が実践している**「インターバル読書」**です。

インターバル読書のやり方

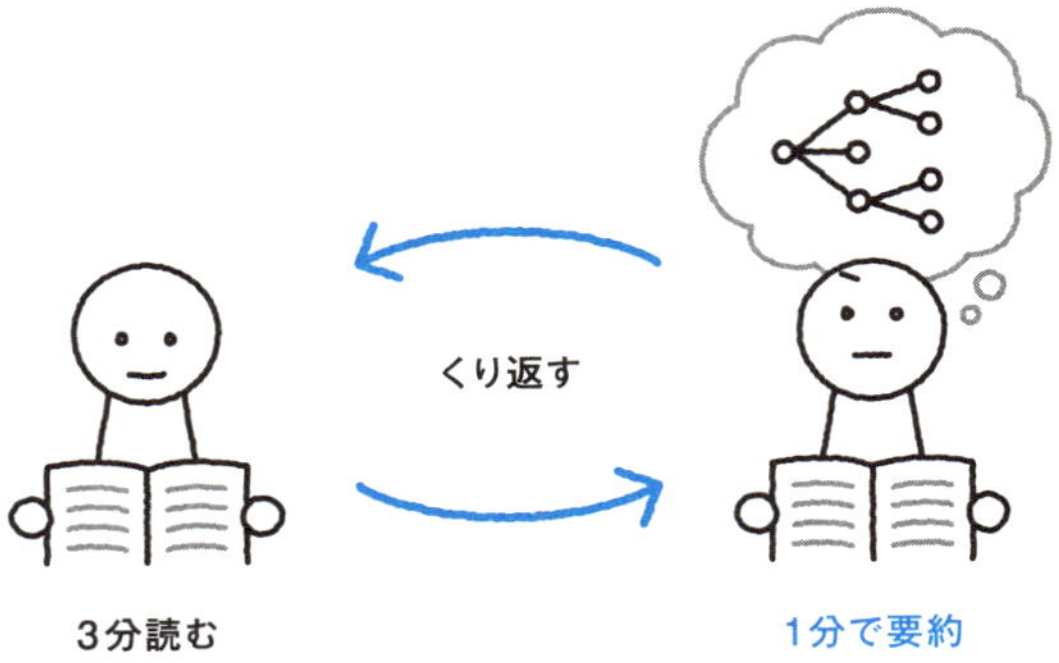

これは、さきほど紹介した「SIT」のように、細かく時間を区切りながら行なう読書術のことです。私の場合は、

- **好きな本を3分読む**
- **1分だけ本から目を離し、その間に今読んだ文章を頭の中で要約する**

というステップをワンセットにして、移動時間が終わるまで同じサイクルをくり返しています。最近では**細かいインターバルを設定できるスマホのタイマーアプリ**が無料で公開されているので、あらかじめ好きなタイミングに設定しておくといいでしょう。

この方法で本を読むと、細かいデッドラインが次々にやってくるため、**心理学でいう「締め切り効果」が生まれて自然と集中力がアップ**。さらに、読書のあいだに**1分の要約タイムを作ることで、ダラダラと読み流すよりも内容が頭に残りやすくなります**。

また、目的意識を持って読書にのぞみたいときは、要約タイムのあいだに、**「自分はこの本から何を得たかったのだろう？」**といった質問を投げてみるのも効果的です。それだけでも目的意識が生まれ、読書がストレスからの逃避ではなく、あなたにとって深い意味を持った活動に切り替わります。

もちろん、この**「インターバル読書術」はオーディオブックでも実践できます**。満員電車などで本を広げられないときなどは、ぜひ試してみてください。

まとめ

長時間通勤は私たちの生産性を下げる大きな要因となる。しかし、目的意識を持つことで有意義な時間にもできる。

働き方

2

仕事中の時間汚染に立ち向かうには？

○プレップ・ドゥ・レビューで時間汚染を防ぐべし

どんなに綿密な計画を立てたとしても、会社で働く限り、どうしても「時間汚染」は起きるものです。

話し好きな同僚が急に声をかけてきたり、上司から明日までのレポートをいきなり頼まれたり、取引先とのあいだで予期せぬトラブルが起きたり……。

一般的なタイムマネジメント法の世界では、「急なトラブルに備えて、あらかじめスケジュールに余裕を持たせておこう」といったアドバイスをよく耳にしますが、それでは対

［ 職場の時間汚染対策 ］

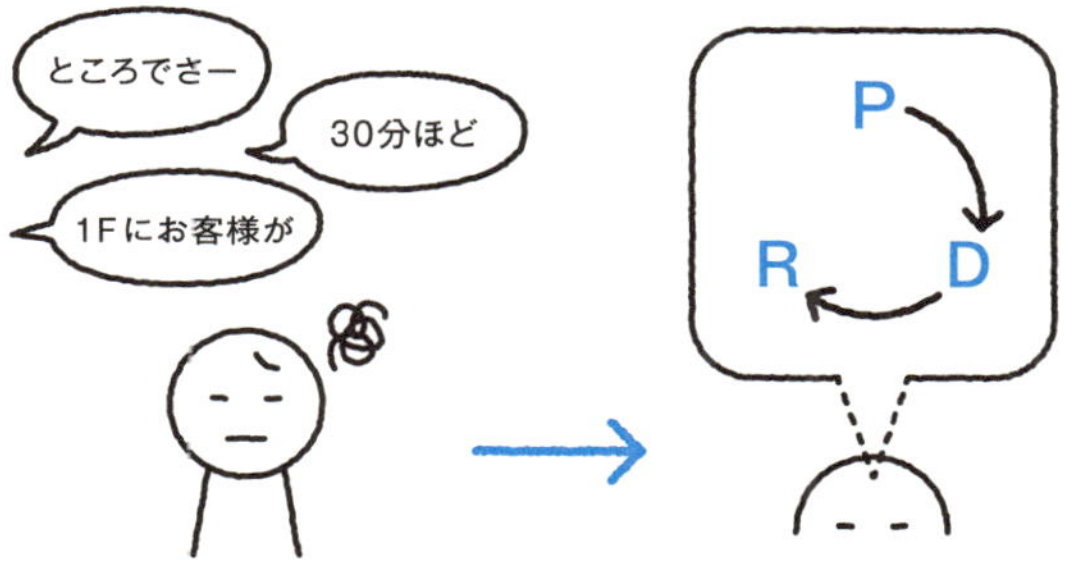

邪魔が入るときは…

プレップ・ドゥ・レビューを回せ！

処ができません。**本当の問題は時間が足りないからではなく、やろうと思っていた作業を中断されるせいで起きる「時間汚染」**だからです。

しかし、ここであきらめるのは早計。そんなときは**「プレップ・ドゥ・レビュー」**の出番です。

これは、ハーバード大学のリンダ・ヒル博士が考案したタイムマネジメント技法のこと。長期のプロジェクトで発生するトラブルではなく、先にあげたような、短いスパンの仕事や問題を対処するために編み出されたテクニックです。

「プレップ・ドゥ・レビュー」は、次の3ステップで行ないます。

ステップ1　プレップ

まずは準備段階です。急な仕事やトラブルが起きたら、**深呼吸をしてから**自分に5つの質問を投げかけてみます。

- **これから私は何をしようとしているのか？**
- **その行動の理由、目標、目的はなんだろうか？**
- **その行動は、どのように行なえばいいのだろうか？**
- **その行動には誰が関わるのだろうか？**
- **目的を達成するのに必要な情報や人はなんだろか？**

プレップの時間は2〜3分で大丈夫。これらの質問で、いったん目の前の作業やトラブルから距離を置けば、それだけで**あなたの心にはゆとりが生まれ、「時間汚染」から身を守れるようになります。**

ステップ2　ドゥ

次に実行の段階です。ステップ1の質問で自分がどんな行動をとるべきかがわかったら、そのとおりに淡々と実行に移しましょう。

ステップ3　レビュー

最後に確認を行ないます。ここでも5つの質問を自分に投げかけてください。

- **いつどれぐらいの時間で目標を達成したか？**
- **準備どおりに実行できたか？**
- **目標を終えた結果、前に比べて何が変わったか？**
- **準備を実行して何かわかったことはあるか？**
- **次に同じことが起きた時にもっとうまくやれることはあるか？**

レビューの時間は5分も使えば十分。最後に自分が達成した内容を再確認すれば第2章でお伝えした「スモールゴール」の効果が得られますし、細かな体験を積み重ねていくことで、**次に同じような問題が起きてもストレスに悩みにくくなります。**

以上が「プレップ・ドゥ・レビュー」の全ステップです。このように短時間で細かなサイクルを回していけば「時間汚染」にも強くなり、小さなトラブルや急な仕事をうまくマネジメントしていけるようになるでしょう。

○プレップ・ドゥ・レビューは会議にも使える

日本は世界でも会議が多い国だと言われます。

スリーエム社が行なった調査によれば、**会議に費やす時間は平均で年間159・1時間。**大半の会社が「業務は改善しなければならない」と答えたにも関わらず、実際に会議の時間を短くする工夫をしている企業は全体の3割にも達しませんでした。

言うまでもなく、ダラダラと続くだけの会議ほどムダな時間はありません。何も決まらない会議や、偉い人だけがしゃべっている会議、雑談だけで終わってしまう会議など、たんに物理的な時間を浪費するだけでなく、ストレスのせいで「時間不足」の感覚まで拡大する原因になってしまいます。

もちろん**会議に絶対の正解はありませんが、効率よく進めるための科学的なテクニックは存在します**。代表的な例をいくつかご紹介します。

まず会議の効率を上げるのに有効なのが、先にも取り上げた**「プレップ・ドゥ・レビュー」**の考え方です。考案者のリンダ・ヒル博士が行なった研究によれば、会議の前後に簡単な準備とレビューを行なった企業は、そのあとで従業員の生産性が大きく上がったとの結果が出ています。

具体的には、先ほど解説した「プレップ・ドゥ・レビュー」の質問を、会議用にアレンジしてください。

・これからみんなで何をしようとしているのか？
・会議の理由、目標、目的はなんだろうか？
・会議は、どのように行なえばいいのだろうか？
・会議には誰が関わるのだろうか？
・会議の目的を達成するのに必要な情報や人はなんだろうか？

会議を行なう前にこれらの質問について皆で考えるだけで、生産性は大きく向上していきます。さらに効率を上げるには、誰か明確なリーダーを決めておき、その人物にプレップとレビューのステップを一任してしまうのがベストです。

○Amazon式プレップ・ドゥ・レビュー会議

実は、**似たような方式を以前から取り入れているのがAmazonです**。同社では、会議の前に「ミーティングの取説」と呼ばれるレポートを配り、すべての参加者に熟読するように求めます。

そこに書かれているのは、次のような内容です。

- **会議の前提と達成すべき目標**
- **目標に対して参加者が実践できそうな解決策**
- **それぞれの解決策へのアプローチ法**
- **もっともすぐに取りかかれそうな解決策**

このような情報を事前にまとめておけば、すべての参加者が会議の目標が共有できます。そのおかげでＡｍａｚｏｎは時間のムダを防げているのです。

また、「プレップ・ドゥ・レビュー」を取り入れる際の注意点として、リンダ・ヒル博士は**会議を少人数にしておく**ように戒めています。会議のリーダーがどれだけうまく要点を伝えたとしても、しっかりと情報を共有できる人数には上限があるからです。

実際、Ａｐｐｌｅの故スティーブ・ジョブズも、会議に必要のないメンバーがいた場合は、議論が進んでいる最中でも容赦なく退席させていましたし、**ＡｍａｚｏｎのＣＥＯで**

あるジェフ・ベゾスも、会議は「2枚のピザで全員がお腹いっぱいになるくらいの人数に絞り込め」と提唱しており、同社内では「2枚のピザ理論」として定着しています。やはり業績の良い企業ほど、科学的にも正しい会議を実践しているようです。

○ブレインストーミングは死んだ

アイデア出しのために**「ブレインストーミング」**を使っている会社も多いでしょう。1950年代に生まれた会議法のひとつで、次のようなルールで行ないます。

1. みんなでできるだけ大量のアイデアを出す
2. 他人のアイデアへの批判や判断は絶対にしない
3. ユニークで斬新なアイデアほどみんなで褒める
4. すべてのアイデアを結びつけてブラッシュアップする

ブレインストーミングを考案したアレックス・オズボーンは、この方法で50%以上も創造性が高まると主張。いまでは世界中で使われる会議テクニックのひとつになっています。

しかし、残念ながら、会議にブレインストーミングを使うのは大間違い。**多くの研究により、すでにブレインストーミングの有効性は否定されている**からです。

なかでも有名なのは、心理学者のエドアルド・サラス博士による徹底的な調査です。博士はブレインストーミングについて800グループもの生産性を調べて、大きな結論を出しました。

その結果は、ブレインストーミングの完敗でした。**ほとんどの人は、みんなとアイデアを出し合うよりも、個人で考えたほうがオリジナリティの高い発想を生み出せた**のです。

データによれば、ブレインストーミングで創造性が下がってしまう理由は3つあります。

- **「他人の批判はするな」と決めていても、やはり大半の人は他人の前で自分の意見を話すのには抵抗がある**
- **どうしても上司のアイデアのほうがほめられやすい傾向がある**
- **グループで意見を出し合うため、自然と努力をしなくなるメンバーが現れる**

いくら自由に意見を出し合うように指示を出しても、そこにはおのずと限界があります。人間は他人からの批判を恐れる生き物ですし、ビジネスマンである以上、組織の上下関係を無視して意見を言うのは困難でしょう。その意味で、ブレインストーミングには根本的な欠陥があると言えます。

ブレインストーミングより「ブレインライティング」

ただし、ブレインストーミングは完全に死んだわけでもありません。最近の心理学では、その欠点を補うべくさまざまなテクニックが開発されています。

代表的なのは **「ブレインライティング」** というテクニック。テキサス大学などが検証を進めており、ブレインストーミングよりも良い成果が出たとの報告が多く出ています。

まずは具体的な方法を紹介しましょう。ブレインライティングは5つのステップで構成されています。

［ ブレインライティング実践5ステップ ］

ステップ1	解決したい問題や疑問を決める
ステップ2	その問題に対するアイデアを、各自が10～15分かけて紙に書く。思いつく限り何を書いてもOK
ステップ3	書いた紙を隣の人に手渡し、自分も隣の人から紙をもらう
ステップ4	隣の人から渡された紙に書かれたアイデアを見て、また10～15分かけて自分の意見を書き足す。これを、会議に参加した人数分くり返す
ステップ5	最後にすべての紙を集めて全員で検討する。その紙に書かれたアイデアが誰のものなのかは明かさない

	アイデア1	アイデア2	アイデア3
A			
B			
C			
D			
E			
F			

要するに、ブレインストーミングで意見を話し合うプロセスを、すべて紙に書き出す作業に切り替えたわけです。

確かに、これなら人前で意見を話す不安はありませんし、参加者の意見をすべて拾い上げることができるでしょう。アイデア出しの作業にブレインストーミングを使っている場合は、ブレインライティングに変えてみてください。

さらに効果が高い「高速ブレインライティング」

いったん普通の「ブレインライティング」に慣れてきたら、続けて試して欲しいのが**「高速ブレインライティング」**というテクニックです。名前の通り、アイデアの書き出しとレビューをスピーディーにくり返す方法で、こちらもテキサス大学の研究で高い効果が実証されています。

「高速ブレインライティング」は4つのステップで行ないます。

高速ブレインライティング実践4ステップ

ステップ1	解決したい問題や疑問を決める
ステップ2	8分かけてアイデアを紙に書き出し、隣の人に手渡す
ステップ3	3分で隣の人からもらった紙をレビュー
ステップ4	会議に参加した人数分くり返す

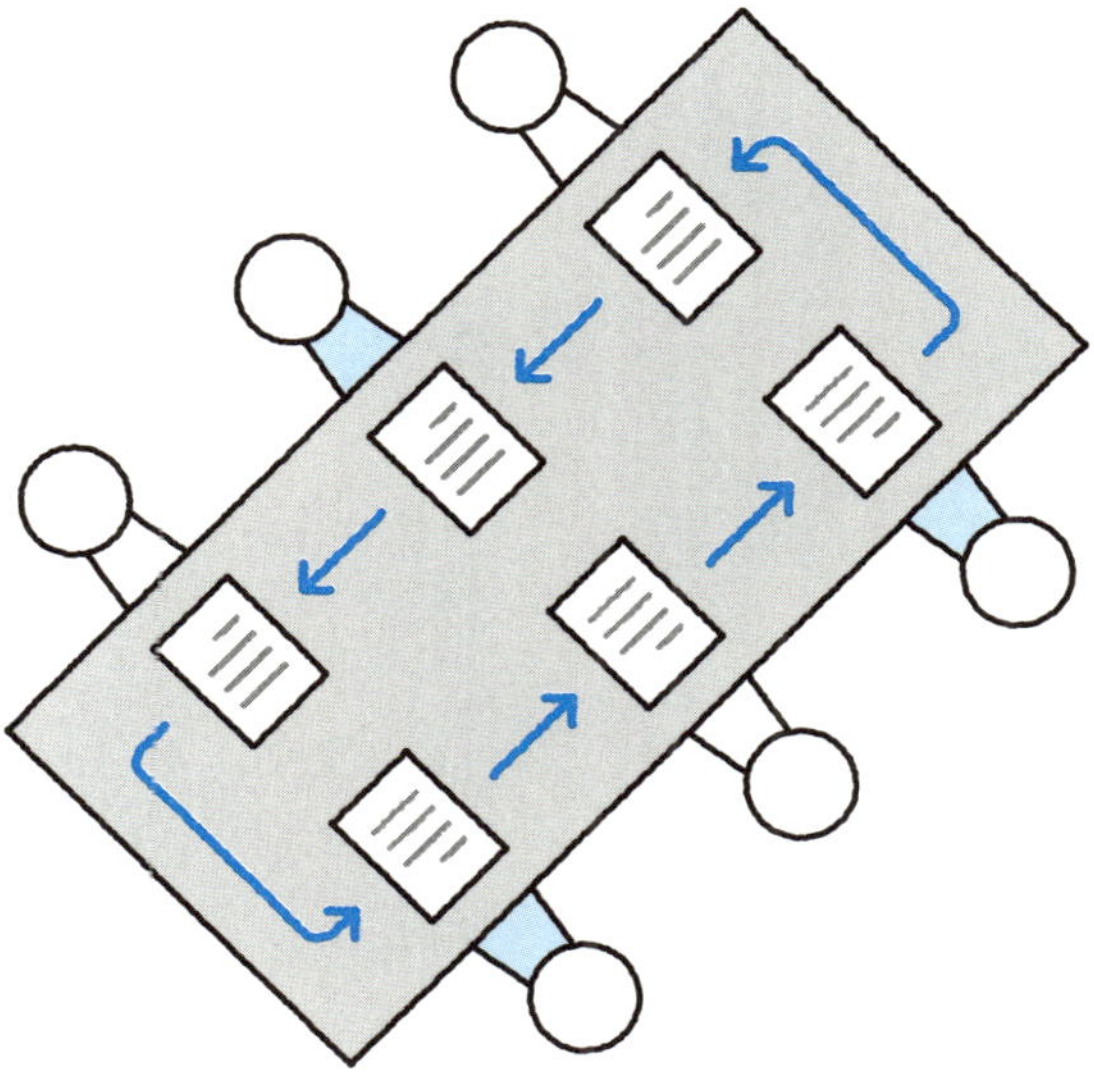

たんに「ブレインライティング」を高速化しただけにも見えますが、その効果は大きく異なります。現役のビジネスマンを対象にした実験では、高速バージョンのほうが、**普通のブレインライティングより74％もアイデアが出やすくなった**そうです。

もっとも、最初のうちは高速のアイデア出しに追いつけない可能性が高いので、まずは普通の「ブレインライティング」で頭を慣らしてから試してみてください。

エレクトリック・ブレインストーミング

もうひとつ、近年になって新たな会議手法としてクローズアップされるようになったのが、**「エレクトリック・ブレインストーミング」**です。

こちらはアメリカのアリゾナ大学などが積極的にすすめているテクニックで、次のように行ないます。

1．会議の参加者は、他の参加者と顔を合わせず、自分のアイデアをコンピューターに入力していく

2. 他の参加者が書き込んだアイデアをリアルタイムで確認しながら、そこへさらに新たなアイデアを入力していく

この手法であれば、**会議の参加者は他人の顔色をうかがわずにアイデアを提案できる**ため、「ブレインストーミング」で一番の障害になる不安の問題が無くなります。

実際、すでに数百を超える研究で「エレクトロニック・ブレインストーミング」の効果は実証されており、ネットを経由し会議を行なった場合は、アイデアの質と量のどちらも大きく向上することがわかっています。

在宅勤務のページでも述べたとおり、最近は無料の社内チャットツールが充実しています。「エレクトロニック・ブレインストーミング」を行なうには、これらのソフトを使えばいいでしょう。

○オープン・モニタリング瞑想で組織の「時間汚染」を防ぐ

もしあなたが新入社員だったり、風通しが悪い会社に勤めている場合は、すぐに新しい会議の仕組みを導入するのは難しいはず。人間は慣れ親しんだやり方のほうが安心できる生き物なので、上の世代ほど昔からの会議を変えたがらないものです。

ムダな会議だとわかっているのに、どうしても参加するしかない……。これほどストレスがたまる状況もありません。

そんな時は、いっそ**ムダな会議を「リラックスのトレーニング」だと捉え直してみてはどうでしょうか?** ムダな時間をイライラしながら耐えるのではなく、積極的に有効活用していくのです。

実は私も、どれとは言いませんが、かつてはムダな会議に呼ばれることが多々ありました。その大半は「何かご意見をうかがいたい」といった抽象的なもので、生産的な時間になることはまれです。

こんな場面で、私がよくやっていたのが**「オープン・モニタリング瞑想」**です。

これは、もともとは原始仏教の世界で2千年にわたって使われてきた瞑想法の一種。近年では、メンタル改善やストレス解消の効果が大きいことがわかってきたため、心理療法でも取り入れられています。

一般的な瞑想といえば、目を閉じて呼吸に意識を集中したり、196ページの「慈悲のプラクティス」のように特定のフレーズをくり返すパターンが有名ですが、「オープン・モニタリング瞑想」では**自分の「思考」や「心の動き」に意識を向けていきます**。

その最大のポイントは、**いまの思考や体の感覚を頭の中で簡単な言葉で実況していく**ことです。

たとえば、瞑想中に過去の嫌な記憶がわいたら「嫌なことを思い出している……嫌なことを思い出している……」と言葉で説明し、ふと肩が痛くなったら「肩に痛みを感じている……肩に痛みを感じている……」と何度も実況。もし注意がそれて実況を忘れてしまったら、「注意がそれてボーッとした……」と念じて再スタートしてください。この作業を、切れ目なくひたすら続けていきます。

会議中にオープン・モニタリング瞑想をするには？

「オープン・モニタリング瞑想」をムダな会議に使うときは、次のような感じで実況を行なってください。

普通に会議が進行しているとき

「いま上司が議題を話し始めた……同僚が発言をした……いまの発言に対して、自分は良いアイデアだと感じた……」のように、**進行状況**を頭の中で淡々と言葉にしていきます。

上司のムダ話にイラっときた

「いま私はムダな話にイライラしている……ムダな話にイライラしている……ムダ話を軌道修正できない自分にもイライラした……」のように**自分の感情の変化**を実況します。

急に会社の外の音が気になった

「自動車の音が気になった……自動車の音が気になった……」とくり返しながら、再びゆっくりと会議の内容に意識を向けていきましょう。

このように、会議の内容や自分の反応をひたすら実況していくと、あなたの中には**客観的な視線**が生まれ、もしムダな会話やダラダラした時間に怒りがわいたとしても、ストレスに巻き込まれにくくなります。

［ 会議でのオープン・モニタリング瞑想 ］

ムダ話に
イライラするときは…

頭の中で実況すると
ストレスに巻き込まれにくい！

また、このテクニックがいいのは、**決して会議を無視しているわけではない**ところです。この瞑想では、あくまで会議の内容に意識を向け続けなければならないため、最終的に議論の内容が頭に入りやすくなります。下手をすれば、いつもよりもしっかり会議に参加しているかもしれません。

もちろん、何か発言したいことを思いついたり、周囲から意見を求められたりしたときは、その場でいったん瞑想を打ち切って構いません。どのタイミングで意識をモニタリングモードに切り替えるかは自由ですが、基本的には、あなたにとって会議がストレスに感じられた時に使ってみてください。

ヤバい組織に共通する要素ランキング

ここまで組織の「時間汚染」に立ち向かう方法を見てきましたが、当然ながら、これらのテクニックは万能ではありません。

もしもあなたの勤務先がブラック企業だった場合や上司がヒドい人間だった場合は、三十六計逃げるにしかず。がんばって抵抗し続けるよりも、もっと良い職場を探したほうがいいでしょう。

そこで、ここからは「あなたが長くいるべきではない会社」の見分け方をご紹介します。いまの会社が「ダメな組織」の条件に当てはまっていないかどうかを考えながら、読み進めてください。

まずは、組織行動学の権威であるジェフリー・フェファー博士が行なった研究を見てみましょう。

フェファー博士は、「仕事と健康」に関する過去の研究をたくさん調べあげ、**「メンタル**

を病みやすい会社」に共通する要素をピックアップ。それぞれを悪影響のレベルが強い順番にまとめました。上位5つのランキングを紹介します。

第5位　業績が不安定

会社の売り上げや決算が安定しない会社ほど、従業員はうつ病や不安障害を発症しやすくなります。

と言っても、企業が儲かっているかどうかは関係ありません。利益が低くても、その水準で一定している限りメンタルへの悪影響は少ないまま。逆に、どれだけ売り上げが高い組織でも、ローラーコースターのように数字が変動している場合は、従業員のストレスが増加していきます。

つまり、メンタルを健やかに保つには、企業のサイズや平均の売り上げではなく、**利益の変動率に注目したほうがいい**わけです。あまりにも数字の変動が激しいようであれば、組織に残るかどうかを考え直すべきでしょう。

第4位　組織内の不公平

自分はこんなに忙しいのに他の社員はヒマそうにしている。明らかに作業量が違うのに給料が一緒なんて！

仕事ができる人にはありがちな不満ですが、これもメンタルを悪化させる大きな要因になります。「自分の能力を評価されているのだ」と考えれば一時的にストレスはやわらぐものの、半年も同じ状況が続けば誰でも気分は沈みがちになっていきます。

上司に不公平感を伝えても改善が見られなければ、そんな組織にしがみつくのは時間のムダ。転職を考えたほうがいいかもしれません。

第3位　仕事の責任が重すぎる

組織心理学の研究では、社員には**「6〜8割ぐらいの成功率」の作業を与えるのがベストだとされています**。これよりも仕事の難易度が高いとプレッシャーで生産性は下がり、逆に難易度が9割を超えると簡単すぎてモチベーションが下がってしまいます。

ベテランならいざしらず、経験が少ない社員が仕事の難易度を適切に見積もるのはまず無理な話。正しい難易度の作業を割り振れるかどうかは、組織を管理する者の責任です。

もしも、あなたが任された仕事をいつも半々の確率でしか達成できないときは、それは自分の問題ではなく、マネジャーの能力不足である可能性があります。その状態が長引けば、やはりうつ病や不安が起きやすくなるので注意してください。

第2位　仕事がない

仕事の重圧はメンタルに悪影響をあたえますが、**「仕事がまったくない」状況**はさらにあなたの精神をむしばみます。

こういった状況は大企業などに多く、周りは仕事をしているのになぜか自分だけ勉強するように指示されたり、ずっと事務用品の整理を命じられたりといったケースがよく見られます。こんな状況に追い込まれれば、誰でも「これでいいのか？」「まわりに白い目で見られているのでは？」といった気分になるでしょう。

また、たんに仕事がないだけでなく、**「無意味にしか思えない作業」**も同じようにメンタルにはダメージがあります。内容がよくわからない書類をひたすら処理したり、なんのパーツかわからないネジを1日中締めたり、ただ上司の話を聞かされるだけの会議に参加したりと、あなたがまったく意義を理解できないような作業が多い場合も、少しずつ精神は病んでいきます。

大企業に勤めていると辞める勇気がわきにくいものですが、あなたのメンタルと引き換えにするだけの価値があるかは疑問です。どうしても転職ができないようなら、せめていまの作業に意義を見つけられないか？　と考えてみてください。

第1位　仕事とプライベートの混同

もっともメンタルに悪いのは、**仕事とプライベートの切り分けができない組織**です。

自宅に書類を持ち帰って作業の続きをする、休みに出かけた旅行先でも上司からの連絡が来る、休日でも仕事をするように言い渡される……。どの世界にもありそうな話ですが、そのたびに**あなたの「時間汚染」は進み、確実にメンタルが悪化していきます。**

たとえば、イギリスの金融マンを対象にした実験では、被験者にストレス計測器をつけてもらい、2カ月にわたって全員の行動を調査。すると、仕事とプライベートの関係について、次のことがわかりました。

- **仕事を家に持ち込む人ほど日ごろのストレスが多い**
- **仕事を家でやるときのストレスは運動をしても対処できない**
- **自宅で仕事のことを考えただけでもストレスは激しく増える**

ここで大事なのは、**実際には自宅で何の作業をしていなくても、仕事について考えた直後からストレスが激増してしまう**点でしょう。要するに、家で仕事を行なうこと自体がメンタルに悪いわけではなく、プライベートの時間に仕事について考え続けてしまう状態が真の問題なのです。

仕事とプライベートの切り分けは従業員でもある程度はコントロールできますが、やはり組織のサポートは欠かせません。プライベートでもガンガン連絡をよこしてくるような会社は、やはり論外でしょう。

以上が、危険な組織の共通点です。

研究ではこのほかにも、「仕事に関する権限の少なさ」や「シフトワークが多い」などの要素もメンタル悪化の原因として挙げられています。自分が所属する会社やコミュニティに当てはまらないかどうか、チェックしてみてください。

メンタルを病まない組織の条件とは？

それでは、逆に**「時間汚染」の問題が少なく、あなたのメンタルに悪影響が少ない組織**はどのように見抜けばいいのでしょうか？

良い組織を選ぶコツは大きく2つあります。

1. 多様性

2. ソーシャルサポート

1つ目の「多様性」は、簡単に言えば、組織の中に**いろいろなタイプの人がいるかどうか？**で判断する方法です。多くの研究では、メンバーの多様性が大きい企業ほどメンバーの作業効率が上がり、利益も高いとの結果が出ています。

一般的に「組織の多様性」というと、畑が違う分野から人を呼んだり、さまざまな人種や年齢の人材を集めたりといったケースが多いでしょう。もちろんこれも大事な要素ですが、心理学の世界では別の要素を重視しています。

まず大事なのが、**性別の多様性**です。

アメリカのカーネギーメロン大学が行なった実験によれば、いろんなパターンで男女の比率を変えたグループに作業を行なわせたところ、**男性と女性がほぼ半々の割合になるチームがつねに良い成績を収める傾向**がありました。

また、この実験では被験者のIQも調べていますが、各メンバーの知性の高さは、グループの生産性にほとんど影響がなかったそうです。頭がいいかどうかよりも、男女を混ぜたほうが組織としてはうまく働くようになります。

次に大事なのが**「性格の多様性」**です。

ひとくちに性格といってもたくさんの種類がありますが、組織にとって大事なのは**外向性と内向性**の2つ。外向的な人は感情が表に出やすく社交的で、内向的な人はすぐに他人と打ち解けず自分を明かさないタイプを指します。

普通、多くの経営者は外向的な人間を好んで採用しがちですが、実はこの2つのタイプを混ぜ合わせたほうが、ストレスの少ない良いチームになりやすい傾向があります。

たとえば、アメリカのカリフォルニア大学による実験では、被験者にビジネスのプレゼンをするように指示したところ、外向人間だけが集まったグループの成績はつねに最低レベル。一方で、**外向と内向が半々の割合でまざったグループは、好成績をたたき出す傾向**が見られました。外向的なキャラだけではビジネスはうまくいかず、やはり内向との助け合いが必要なようです。

また、「多様性」と並んで重要なのが、組織の**「ソーシャルサポート」**です。

会社の経営陣が社員を信頼しているかどうか？　社員へ安心感を与えるような企業風土があるかどうか？　社員が「いざという時には会社が助けてくれる」と感じられているか？

こういったポイントによって、社員の生産性が上がるのはもちろん、企業の利益も大きく増えていくのです。

ソーシャルサポートの重要性は科学的にもハッキリしており、社員のストレス対策に効くのは当然として、近年では戦場で心に傷を負った兵士や、ストレスで体を壊しやすい遺伝子を持つ人の治療などにも広く使われています。

なかでも、**もっともソーシャルサポートを実践している企業がＧｏｏｇｌｅです**。

たとえば、同社が週に1回必ず行なっている全体会議では、**ラリー・ペイジのような伝説のCEOに対して、どんな新人社員でも平等に質問をする権利が与えられます**。質問の優先順位は事前に投票制で決められるため、「本社のミニバーを移動した理由は？」といった小さな質問が採用されるケースもあるのだとか。このシステムによって従業員は自分が信頼されている感覚と安心感を得られ、余裕を持って仕事に取り組めるようになります。

このほかにも、Ｇｏｏｇｌｅは**年に数回ずつ「職場参観」**を行ない、自分の子供や両親を定期的に自分の職場に呼ぶように奨励しています。我が子がＧｏｏｇｌｅで働く姿を目の当たりにした親たちの中には、涙を流して喜ぶ人も少なくなかったそうです。これもまた、ソーシャルサポートを育む見事な仕組みと言えるでしょう。

もしも今の仕事に疑問を抱いたら、まずは自分のいる組織が「メンタルを病みやすい会社」に当てはまっていないかをチェック。そこで転職を決意したなら、続いて目当ての会社に「多様性」と「ソーシャルサポート」があるかを調べてみてください。それだけで、あなたはより良い人生の決断を下せるようになります。

まとめ

職場の時間汚染に対処するテクニックを身につけつつ、働き続けてよい職場なのかどうか、冷静に見極めよう。

第5章

自分の時間を取り戻す 8週間プログラム

ここまで、あなたの「時間感覚」を正すためのさまざまな方法を紹介してきました。

本書が提案する「時間術」のポイントは、第一に時間不足がただの錯覚だと気づくこと。

そのためには、日常のプレッシャーが生み出す不安やストレスをうまく処理するのが近道なのだと、第2章でお伝えしました。


実は「ToDoリストを活用する」「資料のフォーマットを統一する」などの「時間術」に効果があるのにも、その裏にはまったく同じメカニズムが働いています。

たとえば、ToDoリストを使えば「ここを見れば必要な行動がわかる」という安心感が得られますし、資料のフォーマットを統一しておけば混乱が減って焦りにくくなります。

つまるところ、すべては脳が不要なパニックを起こさないために、このようなテクニックを使うわけです。


といっても、これらの「時間術」は、あくまで対症療法にしかなりません。「時間不足」をもたらす本当の原因を叩かない限り、いつまでたっても根本的な治療にはなりません。

風邪薬ではウイルスそのものを退治できないのと同じです。

しかし、本書でお伝えした多くのテクニックは従来の「時間術」とは違うため、実践の際にとまどってしまうかもしれません。もし「呼吸法で時間に余裕ができるなんて信じられない！」といった疑いを持ってしまったら、あなたの感覚はいつまで経っても正常に戻らないでしょう。

そこで最後の第5章では、自分の時間を取り戻すための指針として、8週間のプログラムを組んでみました。

このプログラムは、時間にまつわる心理的なブロックを少しずつ外していくようにデザインされています。

まず最初の数週間では、一般的な「時間術」をいくつか試してみて、本当に時間の感覚が伸びるかどうかを体験してください。いずれも定番の時間管理法に近いテクニックなので、心理的な抵抗を感じずにすみます。

そして、時間感覚が変わる状態を理解できたら、その次の数週からは、いよいよ本格的に失われた時間を取り戻すためのトレーニングに進んでいきましょう。

もちろん、これは絶対的なものではないので、自分が取り組みやすいテクニックから試してても効果はあります。日数も大まかな目安なので、自己判断で先のステップに進んでも問題ありません。

また、本書で紹介したテクニックが多すぎてどうすればいいかわからない人も、とりあえずのペースメーカーとして、このプログラムを使ってみてください。

第1週〜第2週

時間が伸びる感覚を味わう

プログラムの第1期は、時間への心理的なブロックを外すための2週間です。

本当は時間が余ってるなんて実感できない。自分の時間不足が錯覚だとはとても思えない。時間が簡単に伸び縮みするはずがない。

そのような思い込みを、まずは**実際に「時間が伸びる感覚」を味わう**ことで打ち壊していきましょう。

ここで使うのは、80ページから紹介した**「タスクシフト」**です。

どんな作業でもいいので、あらかじめ「30分だけレポートを書いたら、次はプレゼンのスライドを作る」と決めておいて、その通りにタイマーをセット。タイムリミットが来たら、すぐに計画した作業に切り替えます。

ここで大事なのは、作業を終わらせることだけではありません。「タスクシフト」を何度もくり返して、**自分の時間感覚がどのように変わったかに注意を向けてください**。

いまひとつ感覚がわからないようなら、**「時間感覚日記」**をつけてみるといいでしょう。たとえば「時間に余裕があってなんでもできそうな気がする」を10点満点として、「タスクシフト」を使った後の感覚が何点になったかをざっくりと採点していくのです。

1〜2週間も続ければ、なんらかの違いを実感できるはず。それこそが、時間が伸びた感覚です。

また、「タスクシフト」と並行して、**「どんなに短い作業でも時間を割り当てておく」テクニック**を使うのも手です（82ページ）。メールやSNSのチェック、必要な資料の購入、経費の申請など、どんな短い作業でも、あらかじめ「この時間にやる！」と決めておき、アラームをセットしておきましょう。当然、こちらも「時間感覚日記」をつけたほうが効果は高くなります。

これらのテクニックがいいのは、従来の「時間術」に内容が近いため、心理的な抵抗感が少ないところです。やりやすいほうから試してみて、時間が伸びた感覚をじっくりと味わってみてください。

第3週～第4週

乱れた時間感覚を整える

最初の2週間では、時間の感覚が変わる状態を確認してもらいました。次の2週間では、さらに乱れた時間感覚を整えるフェーズに移ります。

ただし、ここではまだ、時間不足の原因である「不安や焦り」には直接アクセスしません。前週と同じく、定番の時間管理法に近いテクニックをさらに掘り下げて、引き続き心理的なブロックを外していきましょう。

ここで使うのは、**「障害ベースのスモールゴール」**（140ページ）と**「プレップ・ドウ・レビュー」**（229ページ）の2つ。どちらも一般的なスケジュール管理やゴール達成術に近いため、すんなりと受け入れやすいはずです。

まずオススメしたいのは、「障害ベースのスモールゴール」です。自分が達成したい小さなゴールをすべてリストアップし、その邪魔になる障害について考えてください。

ここで選ぶゴールは、133ページの条件を満たしていれば、どんなものでも問題ありません。「1日に本を10ページ読む」「英単語を毎日1つだけ覚える」など、日ごろから気になるものがあれば、すべてスモールゴールとしてリストアップしていきます。

と同時に、この週からは、**「予期せぬ邪魔」がもたらす時間感覚のゆがみ**にも対処していきましょう。「プレップ・ドゥ・レビュー」のノウハウを使い、「いきなり指示された仕事」や「顧客の急なクレーム」といった緊急時を乗り切ってください。

ここでも、**大事なのは「記録」です**。「スモールゴール」にせよ「プレップ・ドゥ・レビュー」にせよ、新しいテクニックを使うたびに、自分の中で時間に対する感覚がどのように変わったかを採点していきましょう。

この2つのテクニックを使い続ければ、時間に対して余裕を持った態度がどんどん育っていきます。「なんだか頭がスッキリする」「心がゆったりとしている」などの感覚が生まれるのもこの頃です。

第5週～第6週

時間を取り戻す準備を整える

前の4週間までは、時間に余裕ができた感覚を少しずつ体に覚えさせてきました。

ここからの2週間は、いよいよ**「時間不足」の原因となる不安とストレス**を対処していきます。

本書のテクニックはどれも有効ですが、ぜひやっていただきたいのが**「コーピング・レパートリー」**（185ページ）と**「コンフリクト・リスト」**（64ページ）の2つです。どちらも、本当の時間感覚を取り戻すためには欠かせない作業になります。

「コーピング・レパートリー」は、自分にとって効果的なストレス対策をリスト化すればOKですが、なにも思いつかない時は、第3章で紹介したテクニックのなかから、「これなら自分でもできそうだな」と思えるものを選んでみてください。

もっとも大事なのは、自分が心から楽しめて、体に負担が少なく、なおかつ金銭的なコストがかからない方法を選ぶことです。「やけ食い」や「壁を殴る」などの方法でスッキリする人もいるでしょうが、これでは体への負担が大きいため「普段使い」のストレス対策にはなりません。

ほかには、「旅行をする」なども素晴らしいストレス対策ですが、こちらは金銭的な問題があるため、やはり「普段使い」には問題があります。あなたが旅行好きなら、「海外旅行のサイトをチェックしてみる」「リゾート地を紹介した本や動画を見る」のように、少し敷居を下げてみるといいでしょう。

繰り返しになりますが、**「コーピング・レパートリー」は量が多ければ多いほど効果を発揮します**。最低でも100を目指しつつ、できれば500、1000とリストを増やしていくと、さらに完璧です。

また、この週からは、同時に「コンフリクト・リスト」の作成も始めてください。自分の目標を細かく点検し、それぞれが衝突を起こしていないかどうかをチェック。問題点が見つかったら、第2章の手順に従ってコンフリクトを解決していってください。

第7週〜第8週

時間の呪縛を逃れる

ここまで来れば準備は万端。あとは実際に時間の呪縛を逃れ、本当に自分だけの時間を取り戻すフェーズになります。

本来なら第2章のフィックスをすべてやって欲しいところですが、テクニックが多すぎてストレスを感じてしまったら本末転倒です。そこで最後の週では、手軽に取り組みやすい**「呼吸法」**（90ページ）と**「リフレーミング」**（104ページ）の2つを中心にトレーニングを進めていくといいでしょう。

「呼吸法」は、まずは95ページの**「パワーブリージング」**を自然にできるようになるのが基本。少しでも時間のプレッシャーを感じたら、意識しなくても反射的に呼吸のスピードが遅くなるレベルまで、自分を習慣づけるのが理想です。

そこまで行けば、どんな不安や焦りに襲われても、すぐに自分の時間を取り戻すだけの余裕が生まれます。

「リフレーミング」については、１０９ページで解説した3ステップがほぼ全自動でできるようになればバッチリです。

「時間の不安を感じた↓呼吸↓感覚のラベリング↓リフレーミング」まで、一連の流れがほぼ全自動で行なえるところまでトレーニングすれば、もはや怖いものはありません。どんな不安がわきおこっても、無闇に焦って自分の時間を浪費せずにすむようになれます。

第8週～

時間を捨ててみる

8週間のプログラムを終えたら、あとはあなたの自由です。本書のフィックスから好きなものを選び、「時間不足」の呪いが解けるまで、繰り返しチャレンジしていきましょう。

最後に、ここでぜひ試していただきたいのが**「定期的に時間を捨てる」という習慣**です。時計を身につけず、スマホの電源も切った上で、誰からもジャマが入らない場所へ行き、何もしないことを享受する時間を持って欲しいのです。

何もしないでただ心を落ち着けていると、ほどなくあなたの脳は日頃のプレッシャーから解放され、時間の感覚も最適化されていきます。慌ただしい現代においては、これほど贅沢な時間の使い方もありません。

こうして、本当に時間を捨て去ったとき、あなたはついに**自分の時間を取り戻すことができる**のです。

おわりに

いかがだったでしょうか？
これであなたは少なくとも、週40時間の失われていた時間を取り戻したことになります。

あなたの貴重な時間を奪わないために一言だけ、

「究極の成功とは、自分のやりたいことをするための時間を自分に与えることである」

——*Leontyne Price*

あなたが、この究極の贅沢を楽しむことを祈っています。

メンタリストＤａｉＧｏ

Sharma, A., Barrett, M. S., Cucchiara, A. J., Gooneratne, N. S., & Thase, M. E. (2017). A Breathing-Based Meditation Intervention for Patients with Major Depressive Disorder Following Inadequate Response to Antidepressants: A Randomized Pilot Study.

Sloth, M., Sloth, D., Overgaard, K., & Dalgas, U. (2013). Effects of Sprint Interval Training on VO2max and Aerobic Exercise Performance: A Systematic Review and Meta-Analysis.

Soll, J. B., Milkman, K. L., & Payne, J. W. (2014). A User's Guide to Debiasing.

Speer, M. E., & Delgado, M. R. (2017). Reminiscing about Positive Memories Buffers Acute Stress Responses.

Stutzer, A., & Frey, B. S. (2004). Stress That Doesn't Pay: The Commuting Paradox.

Van Boven, L., & Ashworth, L. (2007). Looking Forward, Looking Back: Anticipation is More Evocative than Retrospection.

van den Berg, M. M. H. E., *et al.* (2015). Autonomic Nervous System Responses to Viewing Green and Built Settings: Differentiating Between Sympathetic and Parasympathetic Activity.

Woolley, A. W., Chabris, C. F., Pentland, A., Hashmi, N. & Malone, T. W. (2010). Evidence for a Collective Intelligence Factor in the Performance of Human Groups.

Ziady, N. https://www.linkedin.com/pulse/being-busy-isnt-same-productive-nicola-ziady

アダム・グラント（楠木建監訳）『GIVE & TAKE「与える人」こそ成功する時代』

アメリカ心理学会　http://www.apa.org/news/press/releases/stress/

サンガ編集部『グーグルのマインドフルネス革命』

ジュディス・S・ベック（伊藤絵美・神村栄一・藤澤大介訳）『認知行動療法実践ガイド　基礎から応用まで　第2版』

パレオな男　http://yuchrszk.blogspot.jp

Mogilner, C., Chance. Z., & Norton, M. I. (2012). Giving Time Gives You Time.

Mullen, B., Johnson, C., & Salas, E. (1991). Productivity Loss in Brainstorming Groups: A Meta-Analytic Integration.

Nair, S., *et al.* (2015). Do Slumped and Upright Postures Affect Stress Responses? A Randomized Trial.

Nelson, S. K., Layous, K., Cole, S. W., & Lyubomirsky, S. (2016). Do unto Others or Treat Yourself? The Effects of Prosocial and Self-focused Behavior on Psychological Flourishing.

Nyland, C. (2005). *Reduced Worktime and the Management of Production.*

Pal, G. K., Agarwal, A., Karthik, S., Pal, P., & Nanda, N. (2014). Slow Yogic Breathing Through Right and Left Nostril Influences Sympathovagal Balance, Heart Rate Variability, and Cardiovascular Risks in Young Adults.

Paulus, P. B., Korde, R. M., Dickson, J. J., Carmeli, A., & Cohen-Meitar, R. (2015). Asynchronous Brainstorming in an Industrial Setting.

Pennebaker, J. W., Mehl, M. R., & Niederhoffer, K. G. (2002). Psychological Aspects of Natural Language. Use: Our Words, Our Selves.

Peoples, K., & Drozdek, A. (2017). *Using the Socratic Method in Counseling: A Guide to Channeling Inborn Knowledge.*

Perlow, L. A. (1999). The Time Famine: Toward a Sociology of Work Time.

Richardson, M., McEwan, K., Maratos, F., & Sheffield, D. (2016). Joy and Calm: How an Evolutionary Functional Model of Affect Regulation Informs Positive Emotions in Nature.

Rudd, M., Vohs, K. D., & Aaker, J. (2012). Awe Expands People's Perception of Time, Alters Decision Making, and Enhances Well-Being.

Sailer, P., *et al.* (2015). A Brief Intervention to Improve Exercising in Patients with Schizophrenia: A Controlled Pilot Study with Mental Contrasting and Implementation Intentions.

Salzberg, S. (1996). *Loving Kindness Meditation.*

Sandow, E. (2011). On the Road: Social Aspects of Commuting Long Distances to Work.

Scholey, A., Haskell, C., Robertson, B., Kennedy, D., Milne, A., & Wetherell, M. (2009). Chewing Gum Alleviates Negative Mood and Reduces Cortisol During Acute Laboratory Psychological Stress.

Schroder, H. S., Moran, T. P., & Moser, J. S. (2017). The Effect of Expressive Writing on the Error-Related Negativity among Individuals with Chronic Worry.

Schulte, B. (2014). *Overwhelmed: Work, Love, and Play When No One Has the Time.*

Gist. N. H., Fedewa, M. V., Dishman, R. K., & Cureton, K. J. (2013). Sprint Interval Training Effects on Aerobic Capacity: A Systematic Review and Meta-Analysis.

Goh, J., Pfeffer, J., & Zenios, S. A. (2012). The Relationship Between Workplace Stressors and Mortality and Health Costs in the United States.

Gross, J. J. (2013). *Handbook of Emotion Regulation*.

Hagger-Johnson, G., *et al.* (2016). Sitting Time, Fidgeting, and All-Cause Mortality in the UK Women's Cohort Study.

Harkin, B., *et al.* (2016). Does Monitoring Goal Progress Promote Goal Attainment? A Meta-Analysis of the Experimental Evidence.

Hill, L., & Lineback, K. (2011). Better Time Management Is Not the Answer.

Hjermstad, M. J. (2011). Studies Comparing Numerical Rating Scales, Verbal Rating Scales, and Visual Analogue Scales for Assessment of Pain Intensity in Adults: A Systematic Literature Review.

Hoogendoorn, S. (2011). The Impact of Gender Diversity on the Performance of Business Teams: Evidence from a Field Experiment.

Jachimowicz, J. M., *et al.* (2016). Commuting with a Plan: How Goal-Directed Prospection Can Offset the Strain of Commuting.

James, E. L., *et al.* (2015). Computer Game Play Reduces Intrusive Memories of Experimental Trauma via Reconsolidation-Update Mechanisms.

Kivetz, R., Urminsky, O., & Zheng, Y. (2006). The Goal-Gradient Hypothesis Resurrected: Purchase Acceleration, Illusionary Goal Progress, and Customer Retention.

Kivimäki, M., *et al.* (2015). Long Working Hours and Risk of Coronary Heart Disease and Stroke: A Systematic Review and Meta-Analysis of Published and Unpublished Data for 603,838 Individuals.

Kunikata, H., Watanabe, K., Miyoshi, M., & Tanioka, T. (2012). The Effects Measurement of Hand Massage by the Autonomic Activity and Psychological Indicators.

Levitin, D. (2014). *The Organized Mind*.

Lewis, N. A., Jr., & Oyserman, D. (2015). When Does the Future Begin? Time Metrics Matter, Connecting Present and Future Selves.

Lu, J. G., Akinola, M., & Mason, M. F. (2017). "Switching On" Creativity: Task Switching Can Increase Creativity by Reducing Cognitive Fixation.

Lyubomirsky, S., Sheldon, K. M., & Schkade, D. (2005). Pursuing Happiness: The Architecture of Sustainable Change.

McGowan, S. K., & Behar, E. (2012). A Preliminary Investigation of Stimulus Control Training for Worry: Effects on Anxiety and Insomnia.

主要参考文献

Allen, T. D., *et al.* (2015). How Effective Is Telecommuting? Assessing the Status of Our Scientific Findings.

Amabile, T. & Kramer, S. (2011). *The Progress Principle: Using Small Wins to Ignite Joy, Engagement, and Creativity at Work.*

American Time Use Survey.

Anderson, D. E., McNeely, J. D., & Windham, B. G. (2010). Regular Slow-Breathing Exercise Effects on Blood Pressure and Breathing Patterns at Rest.

Ariely, D., & Berman, K. (2013). 5 New Year's Resolutions That Might Actually Work.

Bellezza, S., Paharia, N., & Keinan, A. (2016). Conspicuous Consumption of Time: When Busyness and Lack of Leisure Time Become a Status Symbol.

Bendersky, C., & Shah, N. P. (2012). The Downfall of Extraverts and Rise of Neurotics: The Dynamic Process of Status Allocation in Task Groups.

Böckler, A., Herrmann, L., Trautwein, F. M., Holmes, T., & Singer, T. (2017). Know Thy Selves: Learning to Understand Oneself Increases the Ability to Understand Others.

Brokaw, K., *et al.* (2016). Resting State EEG Correlates of Memory Consolidation.

Brown, R. P., & Gerbarg, P. L. (2009). Yoga Breathing, Meditation, and Longevity.

Brown, V. R., & Paulus, P. B. (2002). Making Group Brainstorming More Effective: Recommendations from an Associative Memory Perspective.

Buijze, G. A. (2016). The Effect of Cold Showering on Health and Work: A Randomized Controlled Trial.

Cheng, D., & Wang, L. (2014). Examining the Energizing Effects of Humor: The Influence of Humor on Persistence Behavior.

Christian, T. J. (2009). Opportunity Costs Surrounding Exercise and Dietary Behaviors: Quantifying Trade-offs Between Commuting Time and Health-Related Activities.

Coker, B. L. S. (2011). Freedom to Surf: The Positive Effects of Workplace Internet Leisure Browsing.

Crocker, J., & Canevello, A. (2008). Creating and Undermining Social Support in Communal Relationships: The Role of Compassionate and Self-Image Goals.

Etkin, J., Evangelidis, I., & Aaker, J. (2015). Pressed for Time? Goal Conflict Shapes How Time is Perceived, Spent and Valued.

Furnham, A. (2000). The Brainstorming Myth.

Garfinkel, S. N., Seth, A. K., Barrett, A. B., Suzuki, K., & Critchley, H. D. (2015). Knowing Your Own Heart: Distinguishing Interoceptive Accuracy from Interoceptive Awareness.

著者紹介

メンタリストDaiGo（めんたりすと・だいご）

慶應義塾大学理工学部物理情報工学科卒業。人の心を作ることに興味を持ち、人工知能記憶材料系マテリアルサイエンスを研究。英国発祥のメンタリズムを日本のメディアに初めて紹介し、日本唯一のメンタリストとしてTV番組に出演。その後、活動をビジネスやアカデミックな方向へ転換。企業のビジネスアドバイザーやプロダクト開発、作家、大学教授として活動。ビジネスや話術から恋愛や子育てまで、幅広いジャンルで人間心理をテーマにした著書は累計210万部を突破。『一瞬でYESを引き出す心理戦略。』（ダイヤモンド社）、『自分を操る超集中力』（かんき出版）、『ポジティブ・チェンジ』（日本文芸社）などベストセラー多数。趣味は1日10～20冊程度の読書、猫と遊ぶこと、ニコニコ動画、ジム通い。

●オフィシャルサイト
http://daigo.me/

●ニコニコチャンネル
メンタリストDaiGoの「心理分析してみた！」
http://ch.nicovideo.jp/mentalist

週《しゅう》40時間《じかん》の自由《じゆう》をつくる
超時間術《ちょうじかんじゅつ》

2018年4月10日　初版第1刷発行

著　者　メンタリストDaiGo《ダイゴ》
発行人　小山隆之
発行所　株式会社実務教育出版
〒163-8671　東京都新宿区新宿1-1-12
電話　03-3355-1812（編集）
03-3355-1951（販売）
振替　00160-0-78270
印　刷　壮光舎印刷株式会社
製　本　東京美術紙工協業組合

ISBN978-4-7889-1472-8　C0030